Linda Urbanneck

Amigurumi

Verflixt süß & nicht zugenäht

Linda Urbanneck

Amigurumi

Verflixt süß & nicht zugenäht

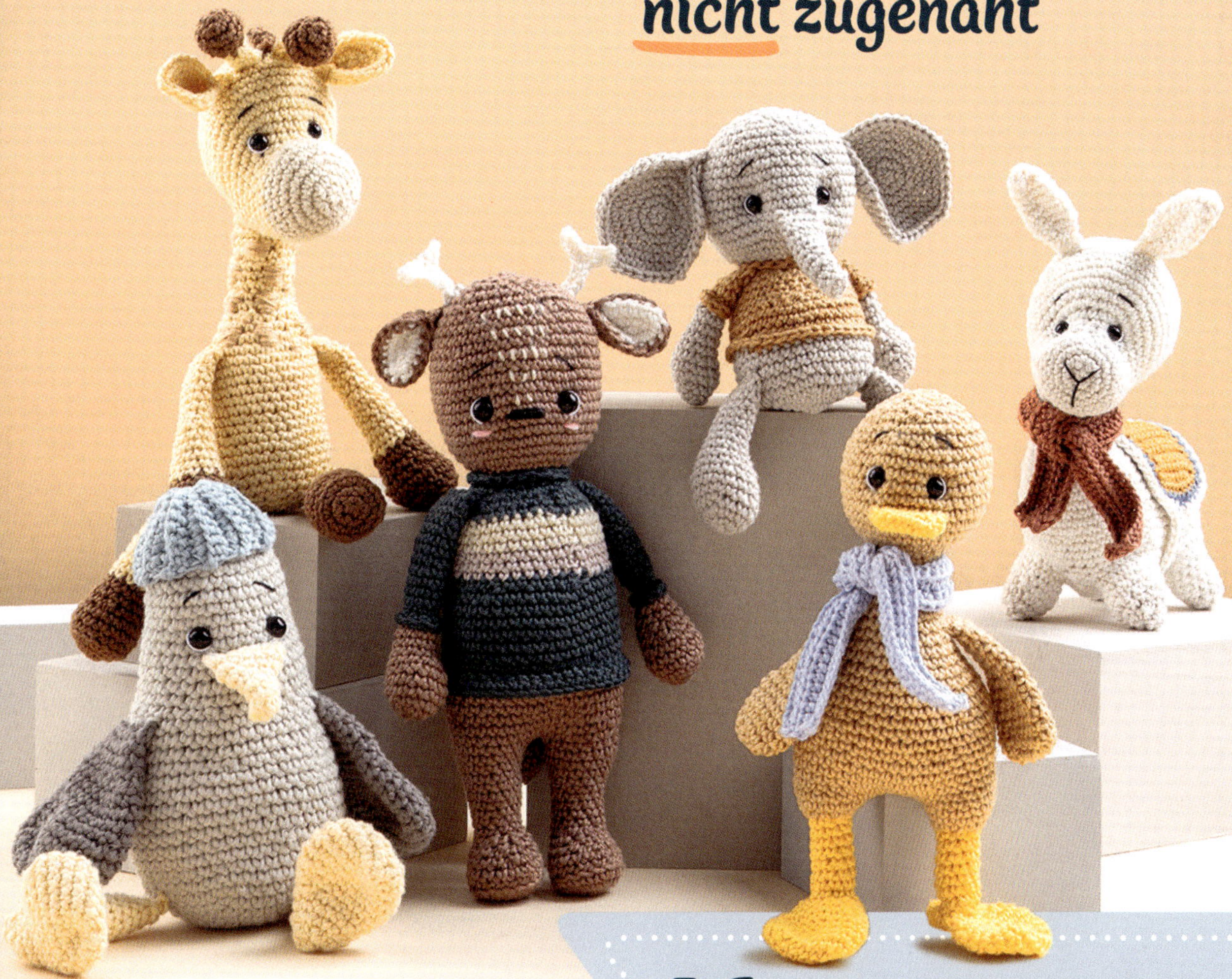

16-niedliche Häkeltiere
ohne Zusammennähen

mvgverlag

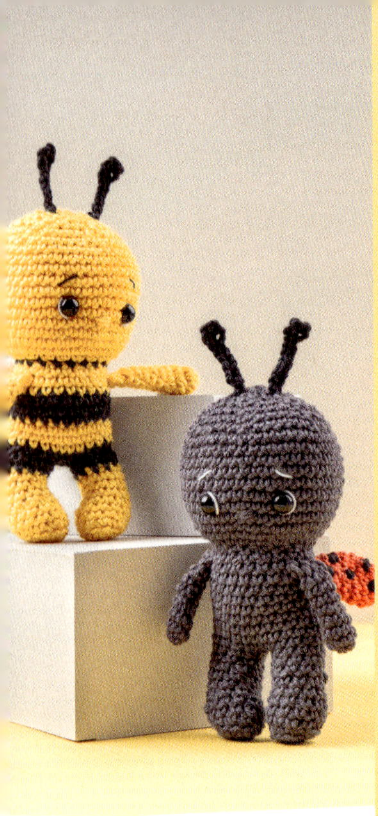

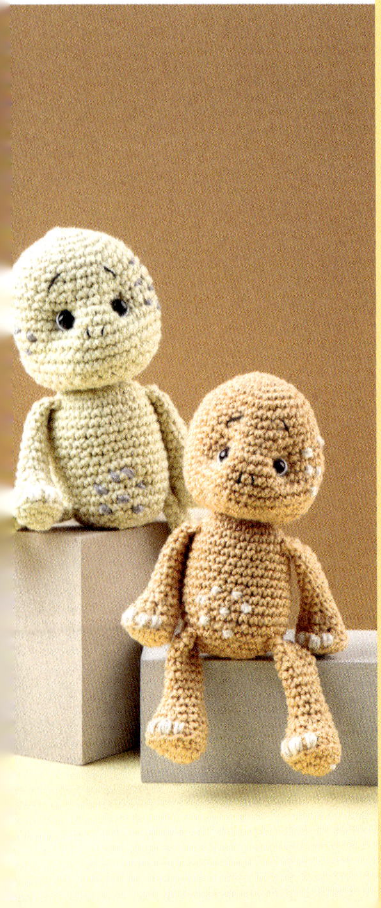

Inhalt

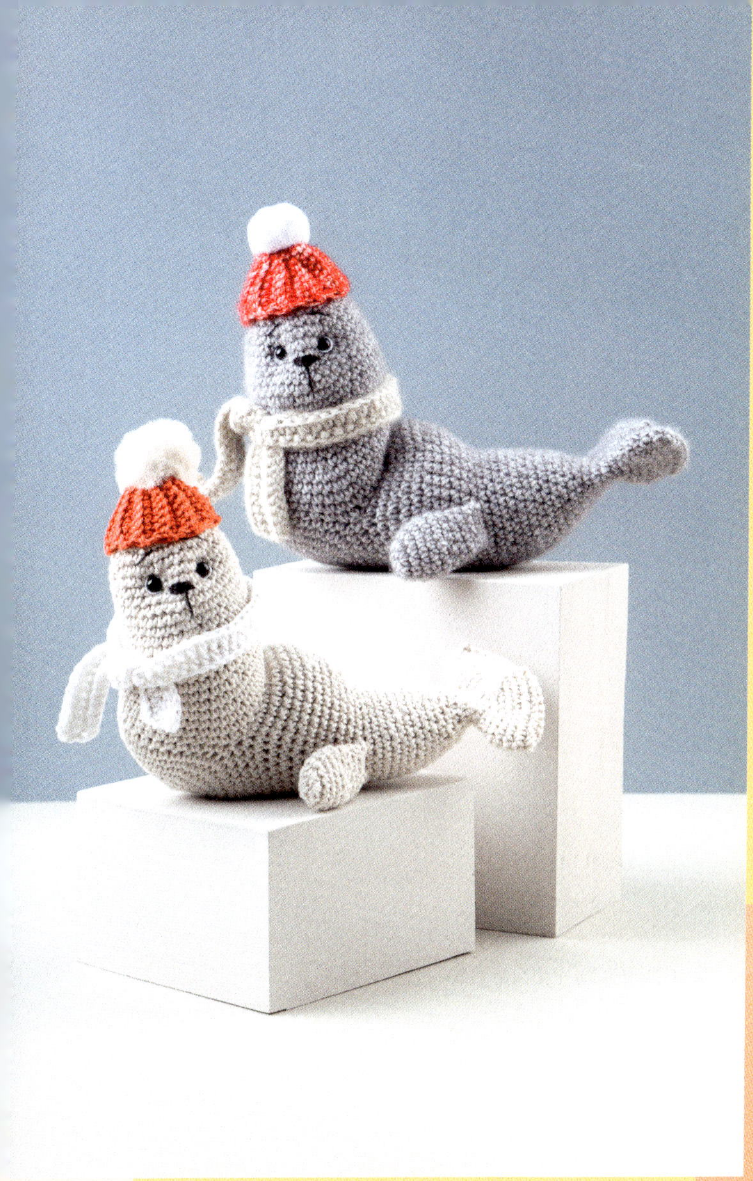

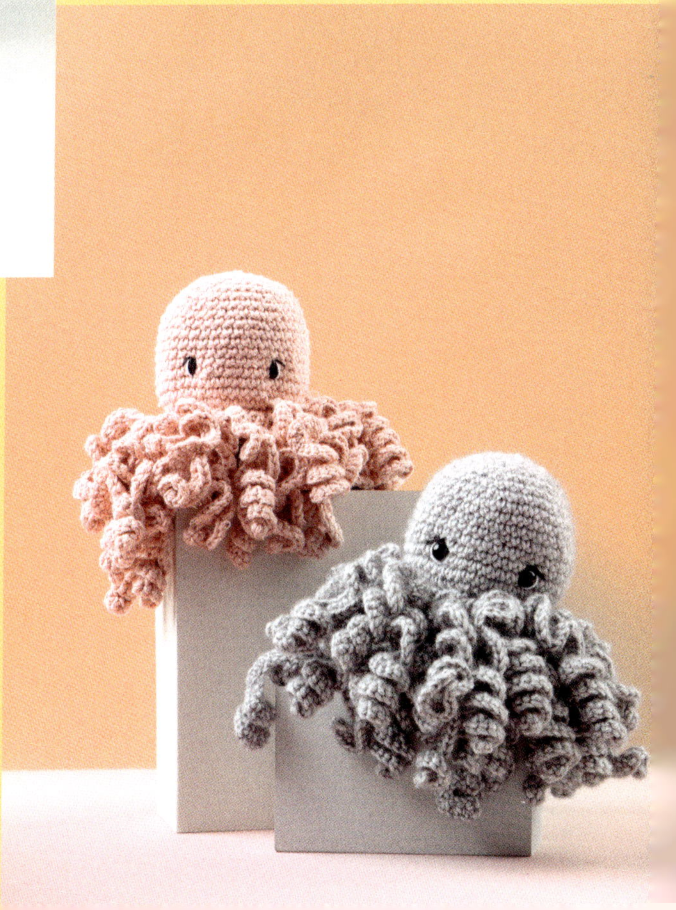

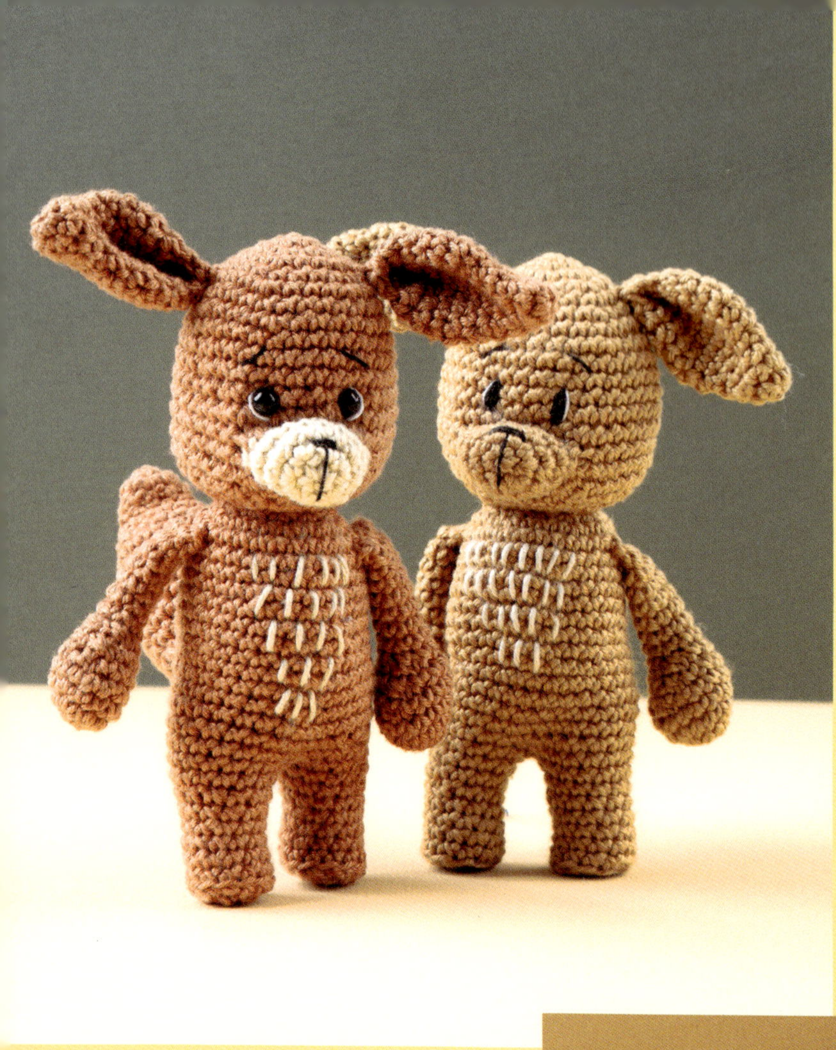

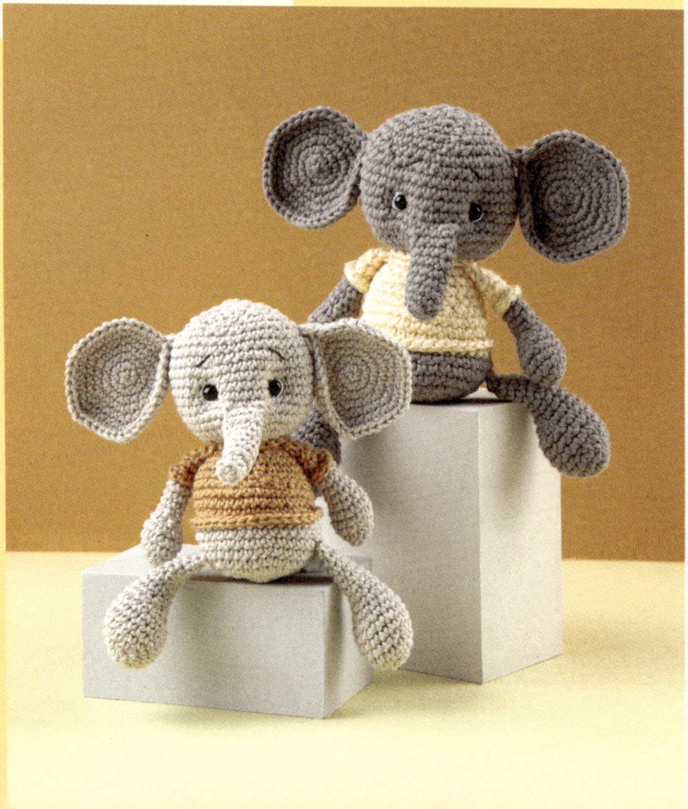

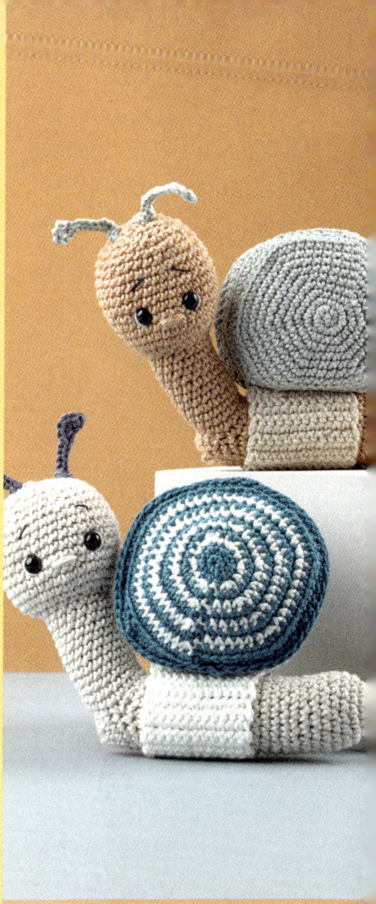

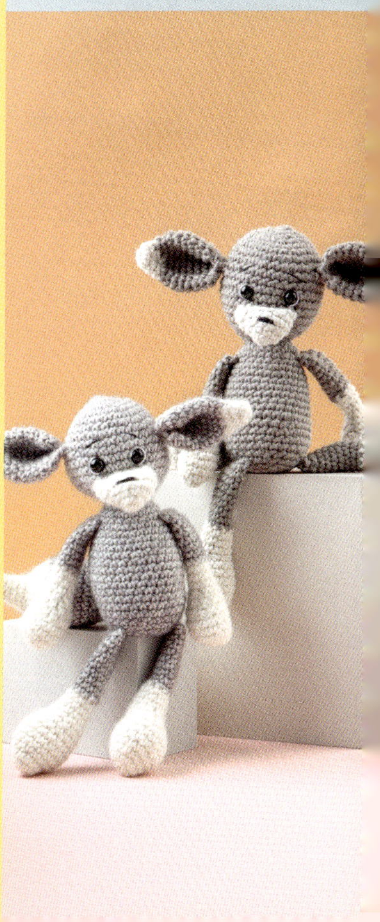

Vorwort

Habt ihr euch schon einmal gewünscht, das lästige Annähen einfach wegzaubern zu können? Dann gibt es nun gute Neuigkeiten! Mit den verflixt süßen, aber nicht zugenähten Amigurumi entfällt diese lästige Arbeit. Ihr könnt euch zurücklehnen und das Häkeln genießen. Klingt das gut? Dann schlagt schnell die nächsten Seiten auf und schaut, in welche Welt ich euch mit diesem Buch mitnehme. Eine Welt von Lama bis Giraffe, über Schildkröte zu Dino. Bei manchen werden die Einzelteile gleich mit eingehäkelt, bei anderen wird direkt an den Körper gehäkelt. Hier findest du eine bunte Sammlung an Anleitungen verschiedenster Art, die dir das Amigurumi-Häkeln ohne viel Nähaufwand erleichtern. Ich wünsche dir ganz viel Spaß beim Nacharbeiten und Entdecken.

Deine Linda

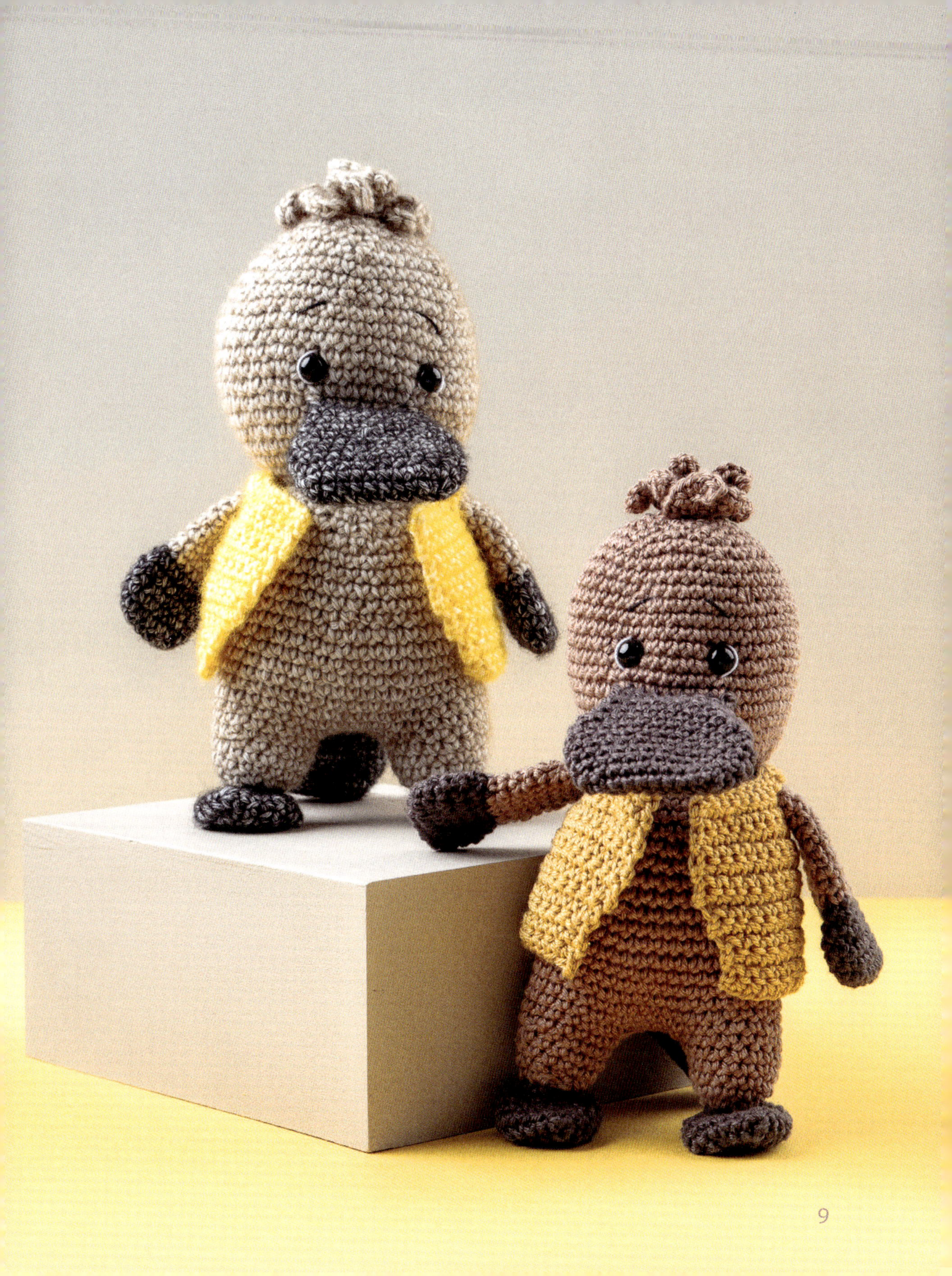

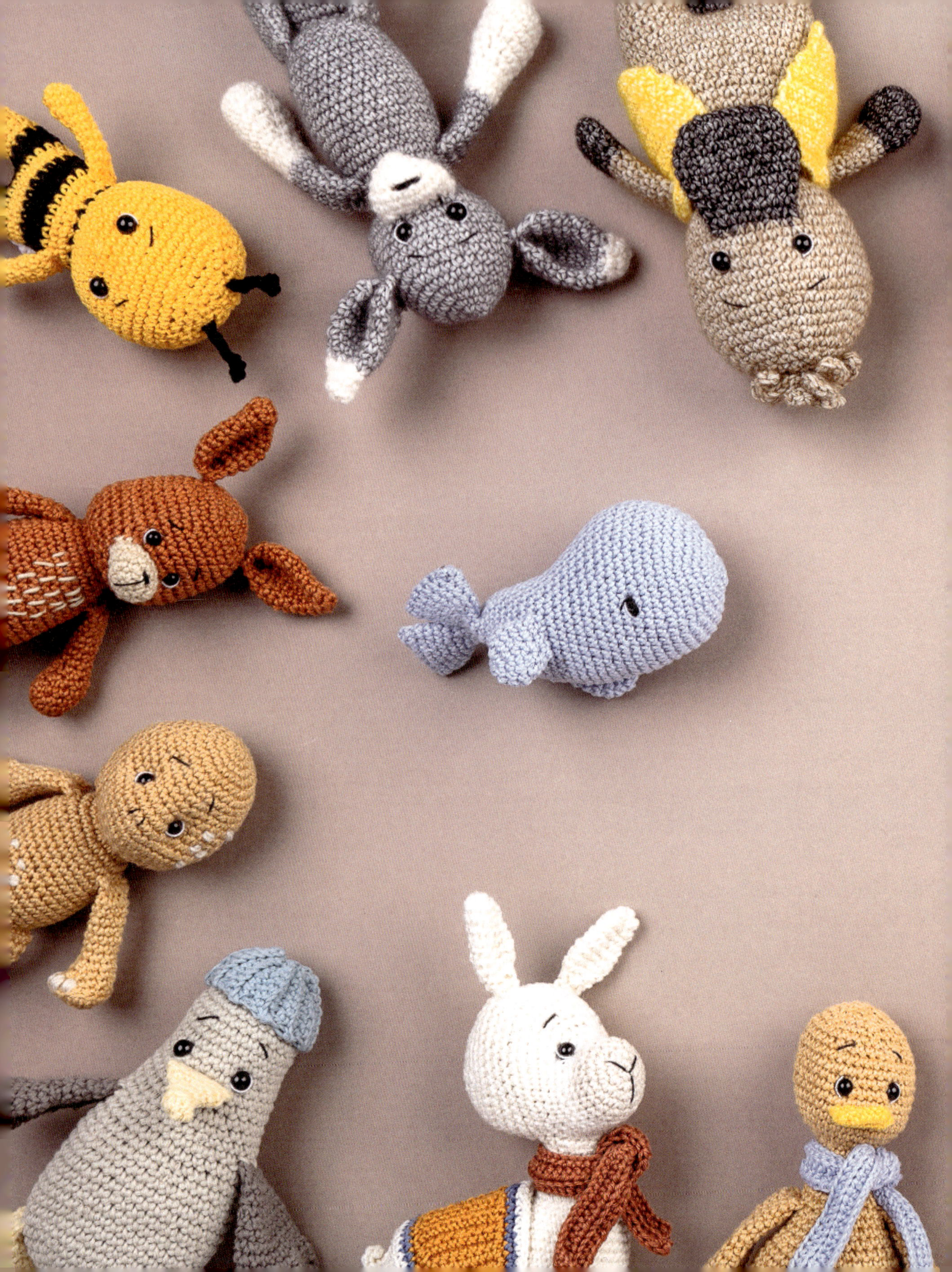

Grundmaschen und -techniken

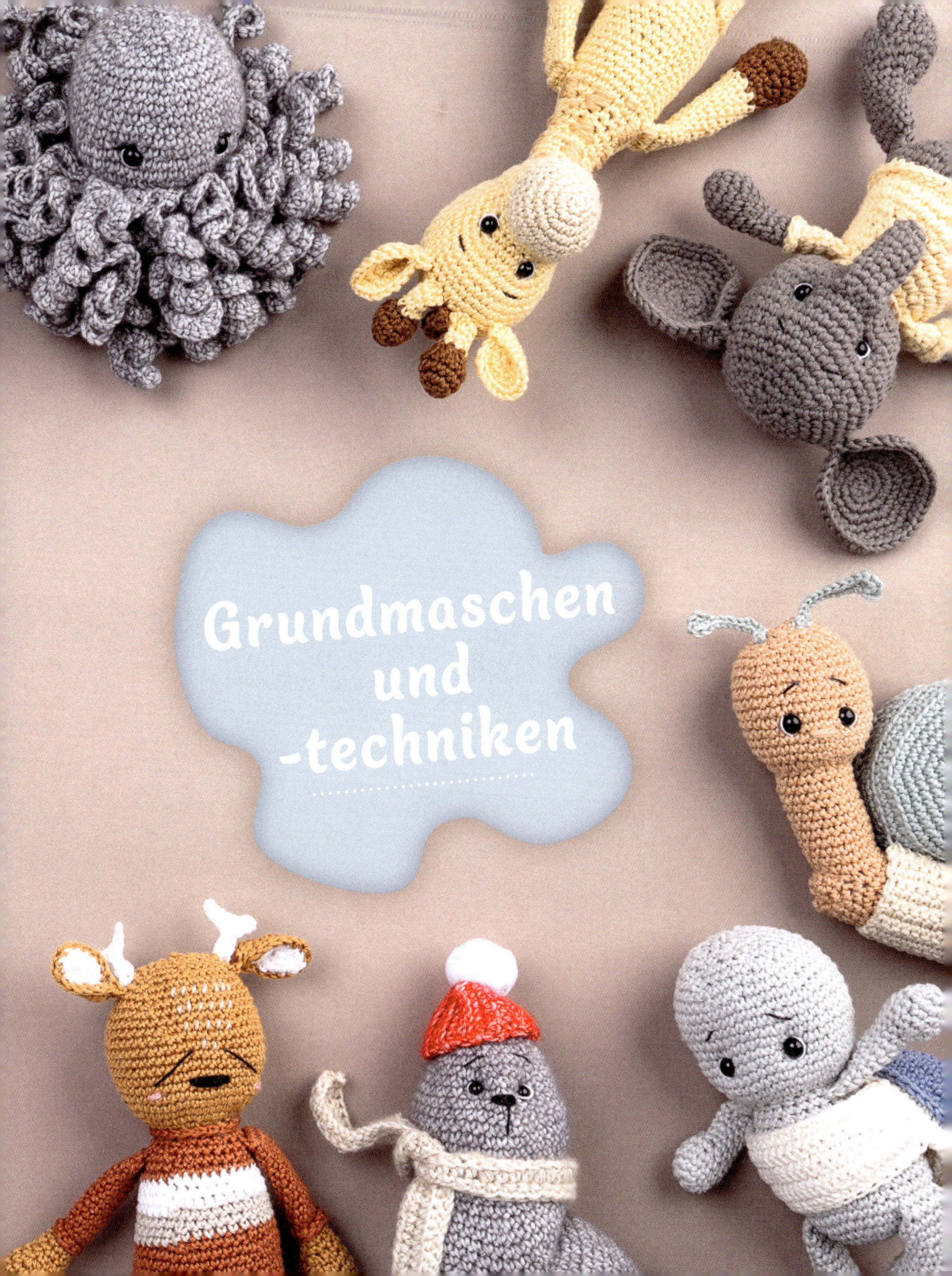

Maschen

LUFTMASCHENANSCHLAG

Den Faden zu einer Schlaufe legen. Das Fadenende liegt unterhalb. Mit der Nadel von vorne durch die Schlinge stechen und den Faden durchholen. Am Fadenende ziehen, damit sich die Schlinge um die Nadel festzieht (= Anfangsschlinge). Den Arbeitsfaden durch die Schlinge ziehen, um die erste Luftmasche zu häkeln. So lange wiederholen, bis die gewünschte Anzahl an Luftmaschen erreicht ist.

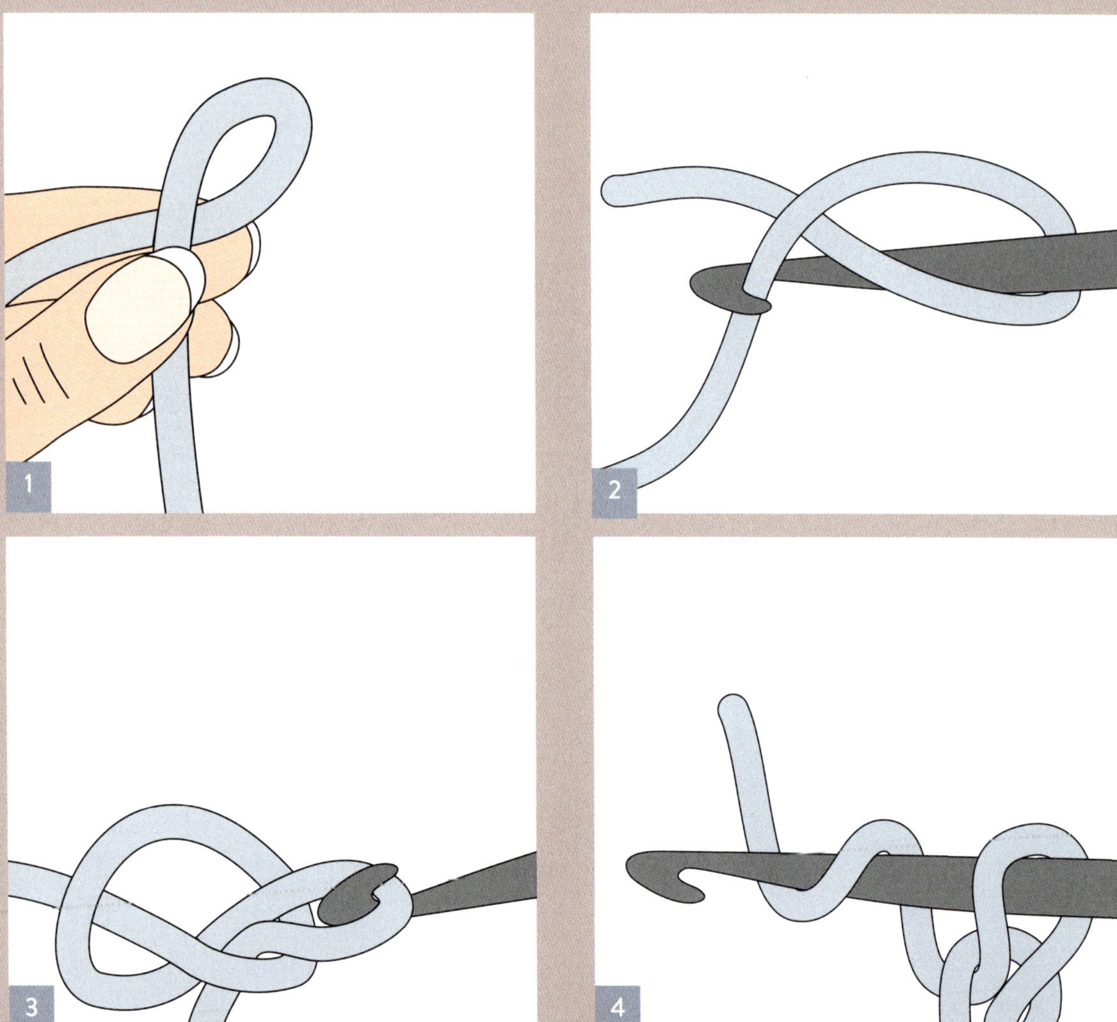

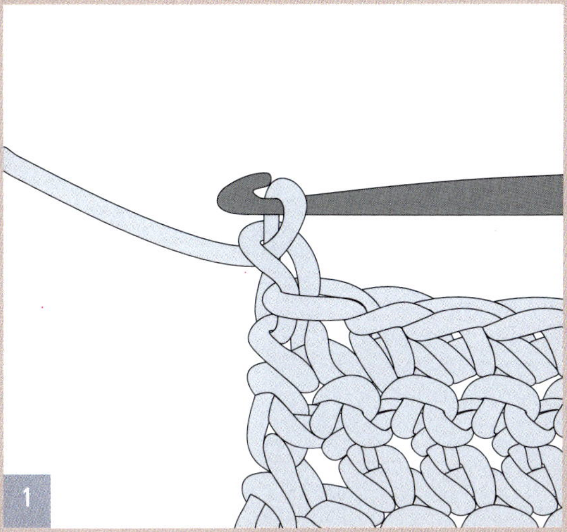

WENDELUFTMACHE

Am Ende jeder Reihe wird eine Luftmasche gehäkelt und die Arbeit anschließend gewendet.

KETTMASCHE

Kettmaschen werden vielfältig beim Häkeln eingesetzt. Sie dienen als Verzierung, kommen beim Beenden einer Runde und beim Anmaschen neuer Fäden zum Einsatz. Um eine Kettmasche zu häkeln, durch die Masche stechen und den Faden durchholen. Diese Schlinge durch die auf der Nadel liegende Schlinge hindurchziehen.

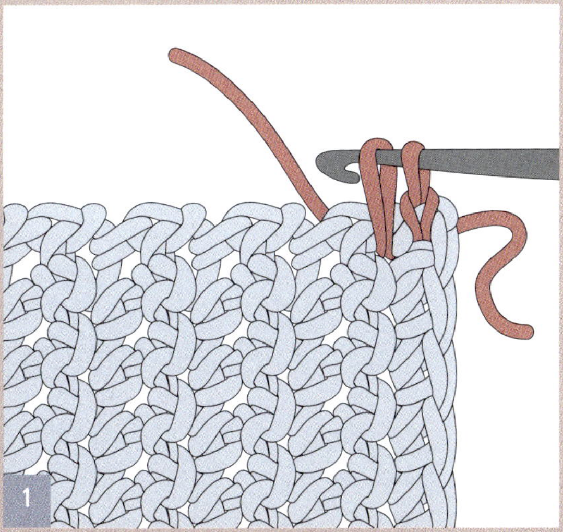

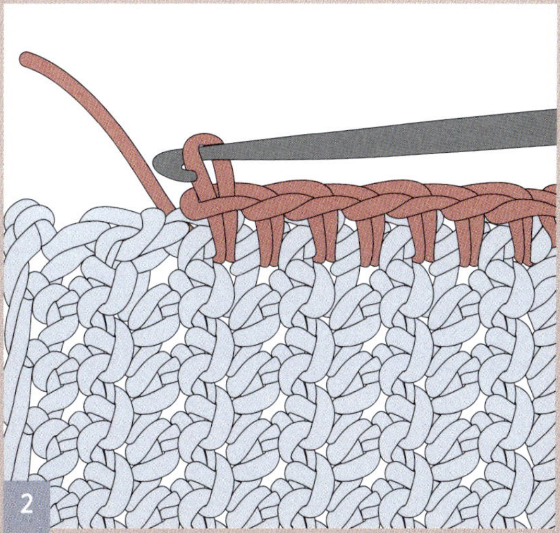

FESTE MASCHE

Mit der Nadel in die folgende Masche stechen und den Faden von oben nach unten um die Nadel legen. Den Faden durchziehen. Auf der Nadel liegen nun zwei Schlingen. Den Arbeitsfaden erneut von oben nach unten um die Nadel legen und dann durch beide Schlingen ziehen (abmaschen).

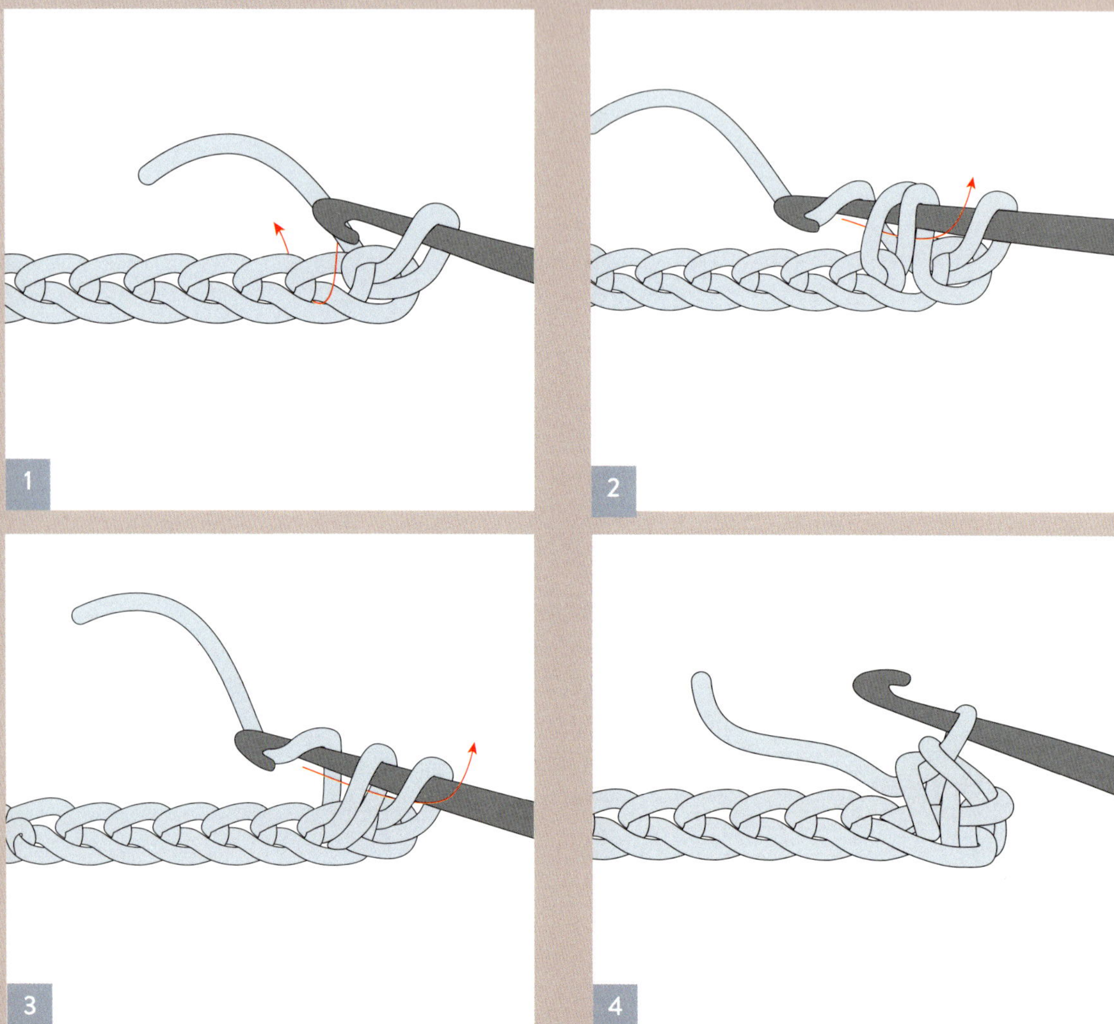

HALBE STÄBCHEN

Den Faden von hinten nach vorne über die Nadel (Umschlag) legen. In die folgende Masche einstechen und den Faden durchholen. Auf der Nadel liegen nun drei Schlingen. Den Arbeitsfaden durch alle drei Maschen ziehen.

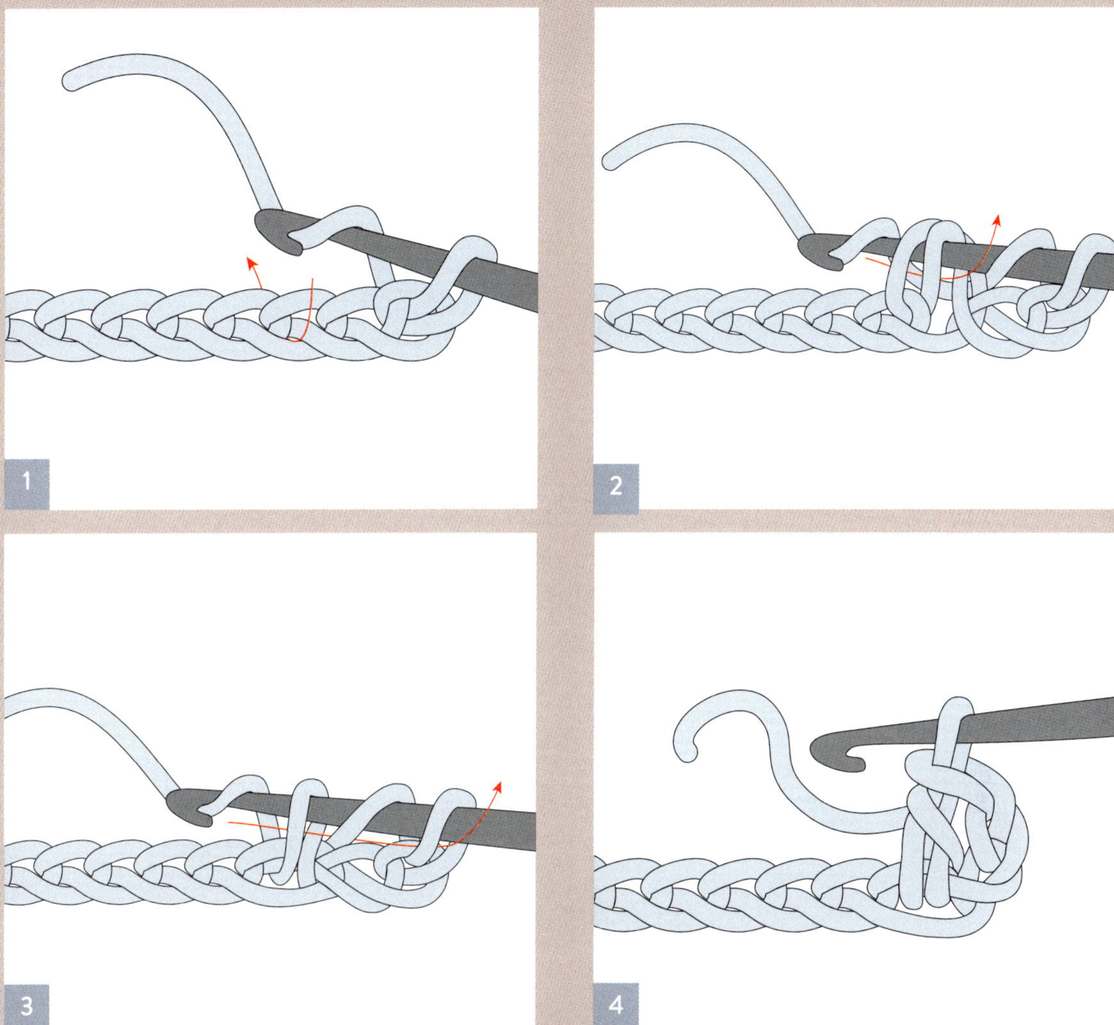

MASCHENGLIEDER

Eine Masche besteht aus drei Maschengliedern. Das vordere Maschenglied und hintere Maschenglied bilden dabei die v-förmige Oberseite der Masche. Das rückwärtige Maschenglied liegt auf der Rückseite am Fuß der Masche.

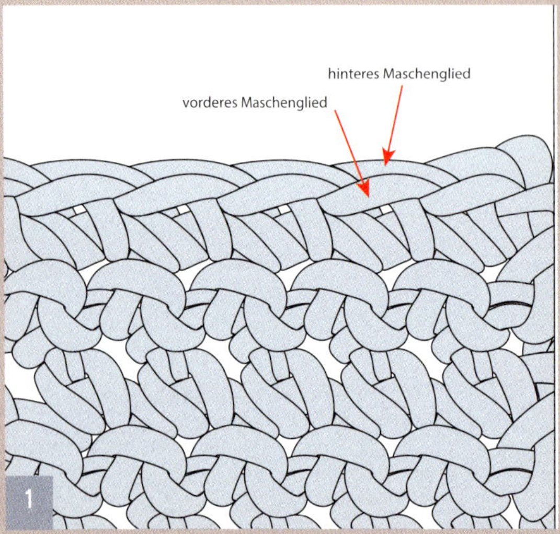

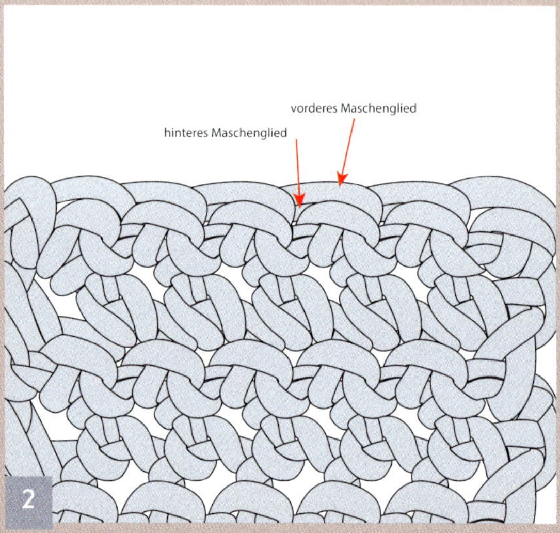

Techniken

IN REIHEN HÄKELN

Alle Reihen beginnen mit einer Luftmaschenkette. Auf diese werden die Maschen der ersten Reihe gehäkelt. Nach jeder Reihe wird die Arbeit mit Luftmaschen gewendet, um die entsprechende Höhe der Maschen zu erreichen. Bei festen Maschen wird eine Wendeluftmasche gehäkelt, bei halben Stäbchen zwei Wendeluftmaschen, und bei Stäbchen wird mit drei Luftmaschen gewendet.

IN RUNDEN HÄKELN

Beim Rundenhäkeln wird die Arbeit am Ende nicht gewendet, sondern fortlaufend weitergearbeitet. Begonnen wird dabei mit einem Fadenring oder einer Luftmaschenkette. Jede Runde endet mit einer Kettmasche in die erste Masche der Runde. Am Anfang jeder Runde werden Luftmaschen entsprechend der Höhe der verwendeten Maschen gehäkelt (Steigeluftmasche). Bei festen Maschen wird eine Steigeluftmasche gehäkelt, bei halben Stäbchen zwei, und bei Stäbchen werden drei Steigeluftmaschen zum Beginn gearbeitet.

IN SPIRALRUNDEN HÄKELN

Bei Spiralrunden werden die Maschen ununterbrochen immer weiter aufeinandergehäkelt, ohne sie mit einer Kettmasche abzuschließen. Der Rundenübergang ist unsichtbar. Um den Überblick zu behalten, diesen mit einem Faden oder einem Maschenmarkierer kennzeichnen.

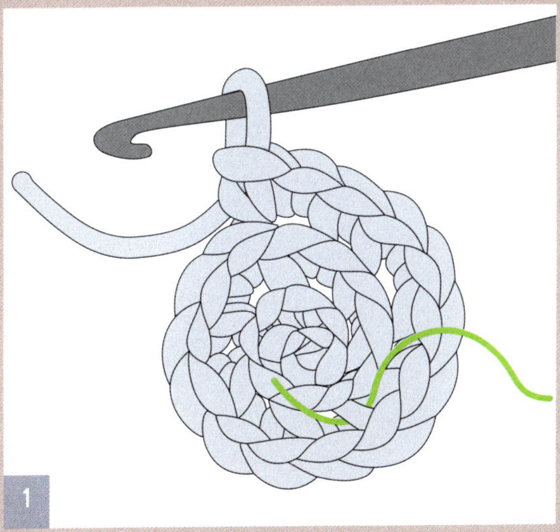

FADENRING

Um einen Fadenring zu bilden, den Faden zu einer Schlaufe legen. Das Fadenende liegt oberhalb und zeigt nach unten. Die Schlaufe mit Daumen und Zeigefinger fixieren und mit der Nadel von vorne hindurchstechen. Den Faden durch die Schlaufe hindurchziehen und mit einer Luftmasche sichern. Erneut durch den Ring stechen und den Faden durchholen. Beide auf der Nadel befindlichen Umschläge zu einer feste Masche abmaschen. Nun so viel feste Maschen häkeln, wie in der Anleitung angegeben sind. Um den Ring zu schließen, vorsichtig am Fadenende ziehen, bis sich die Maschen zusammengezogen haben.

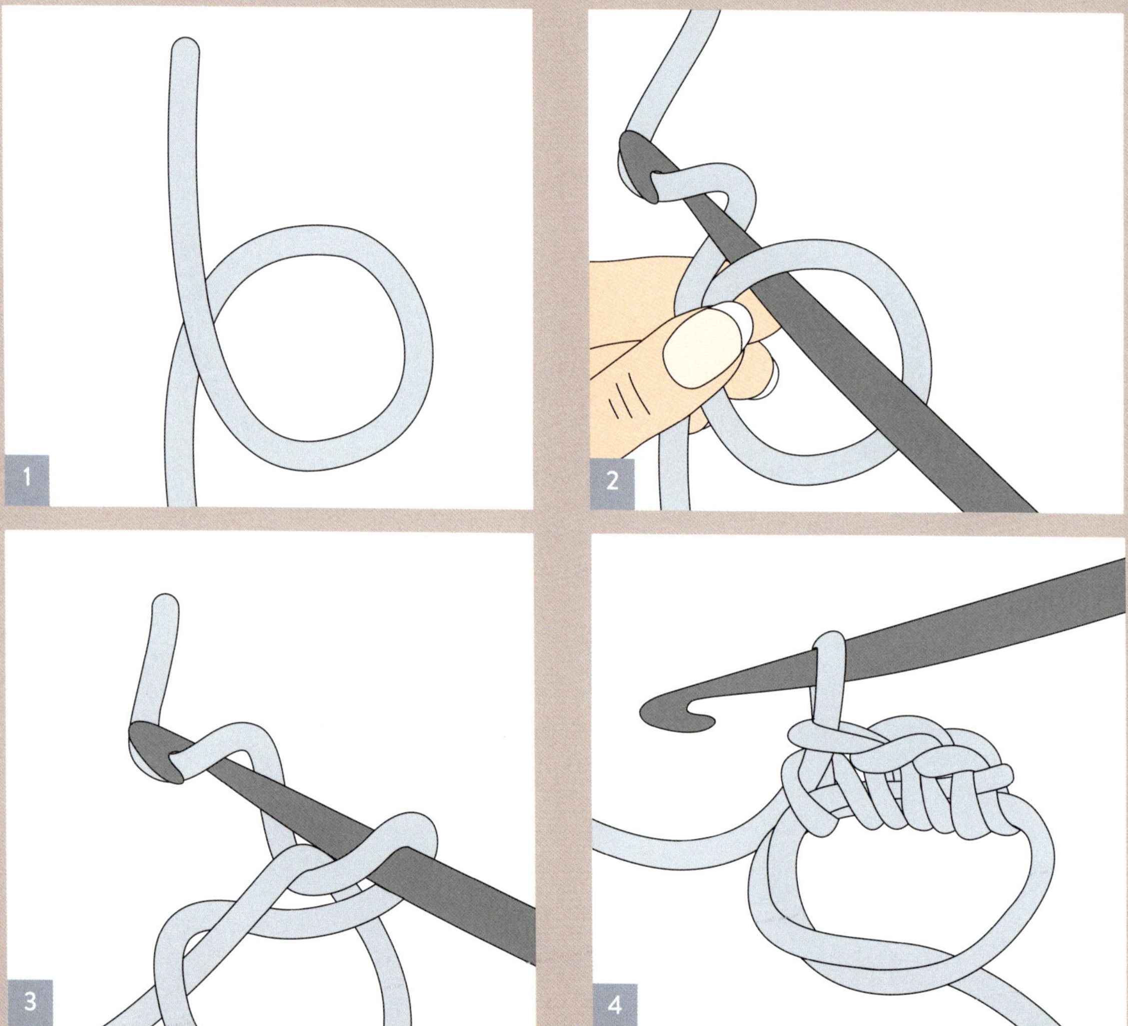

RUNDE UNSICHTBAR BEENDEN

Die Arbeit mit einem langen Faden abketten. Das Fadenende in eine Vernähnadel fädeln und von oben zwischen die beiden Maschenglieder der zweiten Masche der letzten Runde hindurchstechen. Am Faden ziehen, bis er die gleiche Länge wie die anderen Maschenglieder hat. So wird ein hinteres Maschenglied nachgebildet. Nun mit der Nadel von vorne nach hinten zwischen die Maschenglieder der letzten Masche der Runde stechen. Den Faden erneut durch die Masche ziehen, bis ein vorderes Maschenglied entsteht. Den Faden wie gewohnt vernähen.

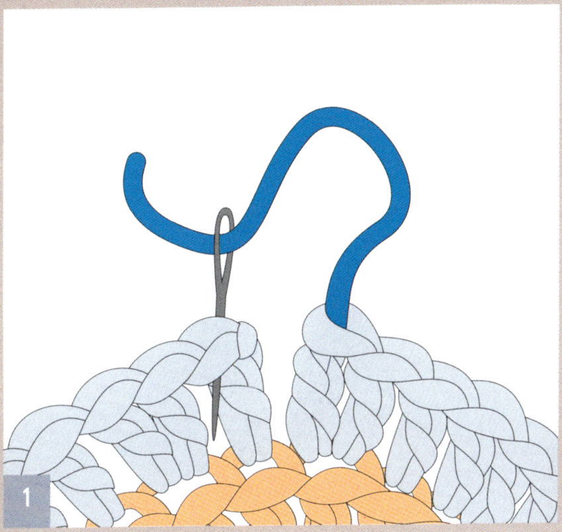

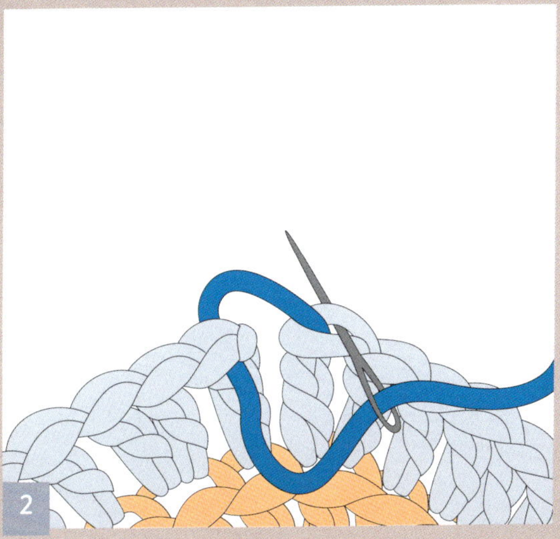

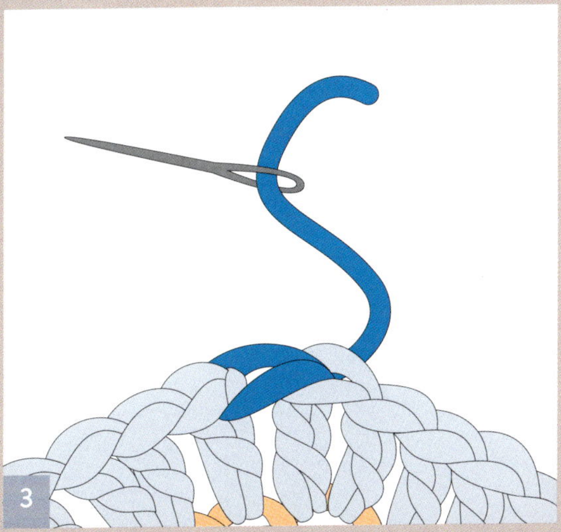

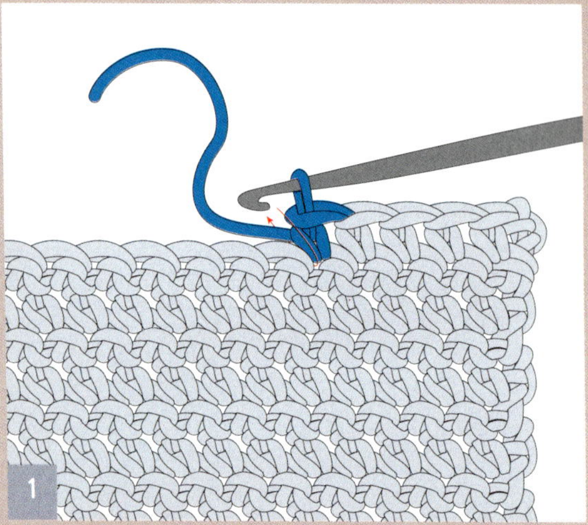

ZUNEHMEN/VERDOPPELN

Alle Maschenarten werden auf die gleiche Weise zugenommen: Man häkelt einfach 2 Maschen in eine Einstichstelle. Hierbei spielt es keine Rolle, ob in Reihen oder Runden gehäkelt wird.

ABNEHMEN/FESTE MASCHEN ZUSAMMEN ABMASCHEN

Bei der Abnahme von festen Maschen in Runden/Reihen, werden zwei feste Maschen zusammen abgemascht. Dazu in die erste abzunehmende Masche einstechen und den Faden durchholen. Es befinden sich nun zwei Schlaufen auf der Nadel. Diese werden aber nicht abgemascht, sondern die Nadel durch die nächste Masche gestochen. Wieder den Faden holen. Es befinden sich nun drei Schlingen auf der Nadel. Den Arbeitsfaden durch alle Schlingen ziehen.

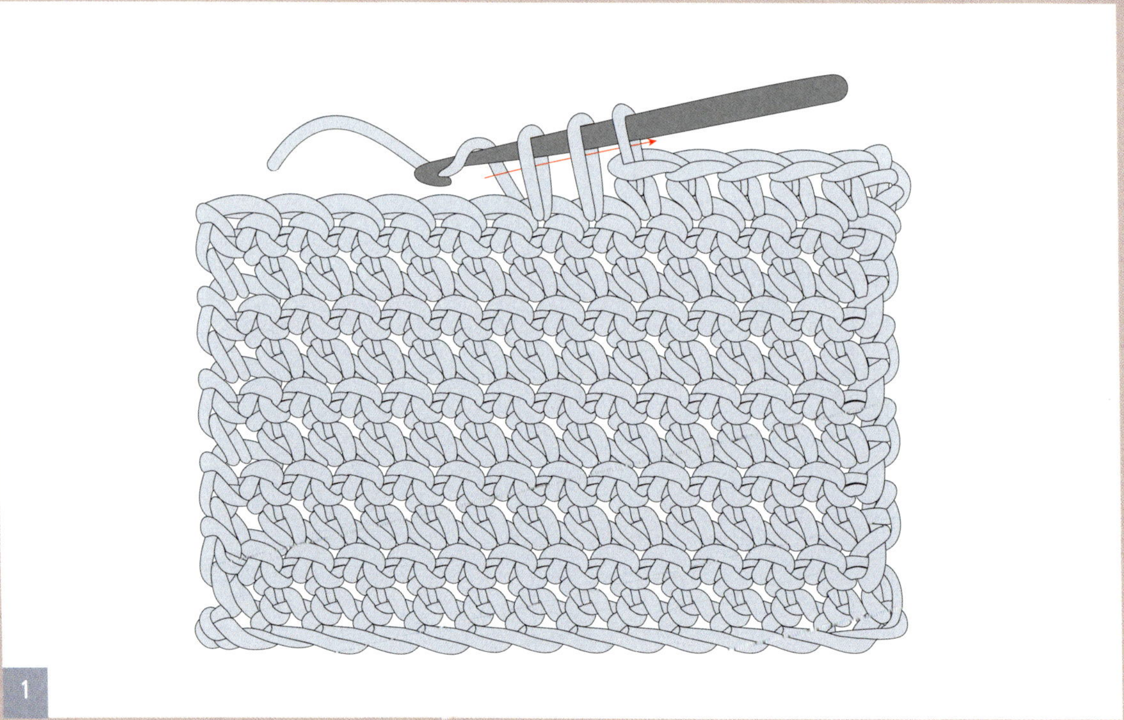

UNSICHTBARE ABNAHME

Die Nadel durch die beiden vorderen Maschenglieder der beiden Maschen stechen, die abgenommen werden sollen. Den Faden durchholen, sodass sich auf der Nadel nun zwei Schlingen befinden. Beide Schlingen zu einer festen Masche abmaschen. Im Maschenbild wirkt diese Abnahme nun wie eine einfache, feste Masche. Diese Art der Abnahme nur beim Häkeln in Runden verwenden.

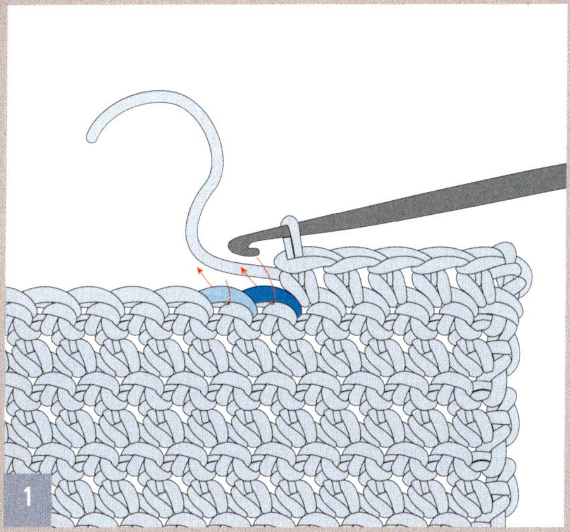

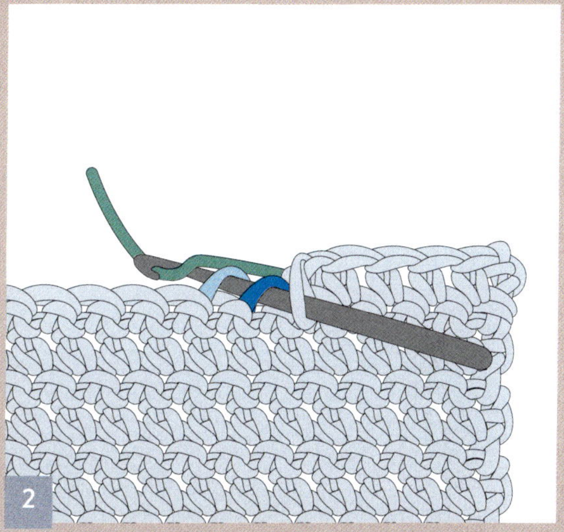

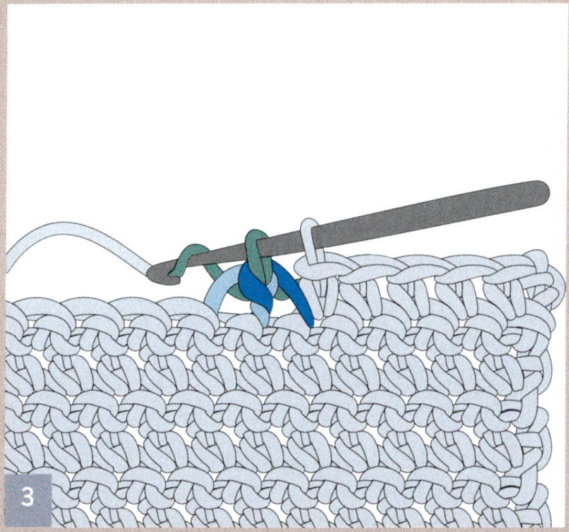

FARBWECHSEL

Wird eine neue Farbe aufgenommen, in der ersten Farbe bis zur letzten Masche der Runde/Reihe häkeln. Diese nicht abmaschen, sondern beide Schlingen auf der Nadel behalten. Mit der Nadel nun den Faden der neuen Farbe durchholen und damit weiterhäkeln.

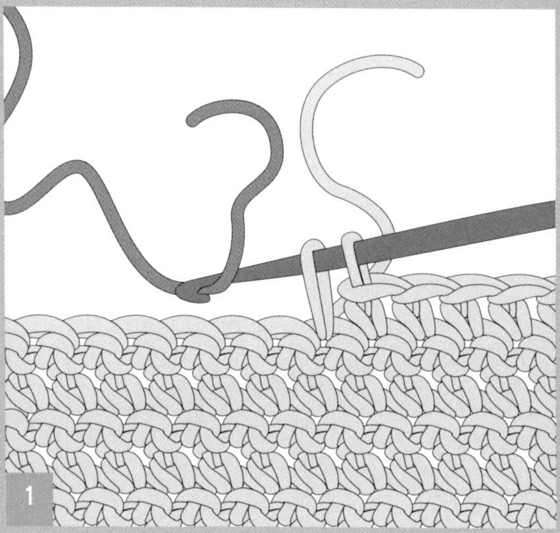

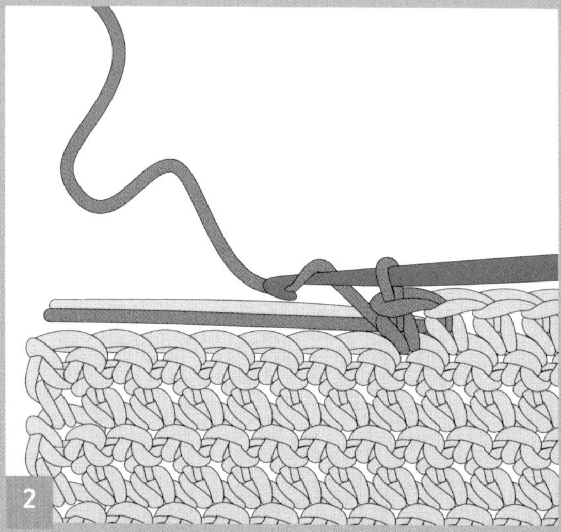

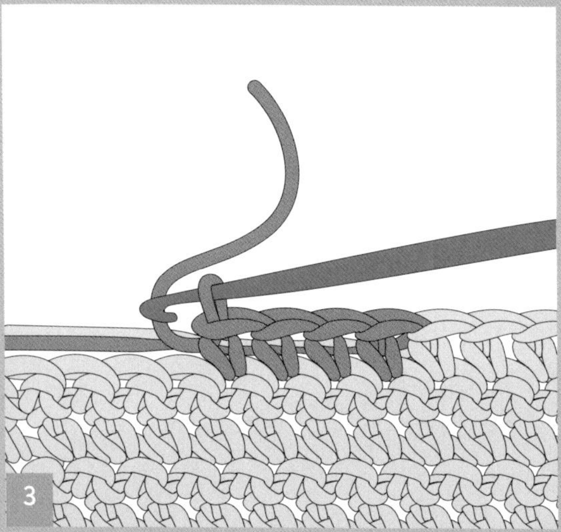

HÄKELSTÜCK BEENDEN

Um eine Runde/Reihe zu beenden, den Faden fest durch die letzte Masche ziehen und ca. 20 cm lang abschneiden. Das Fadenende mithilfe einer Wollnadel in die Maschen bzw. nach innen vernähen. Wenn der Faden lang abgeschnitten werden soll, mind. 30 cm abschneiden.

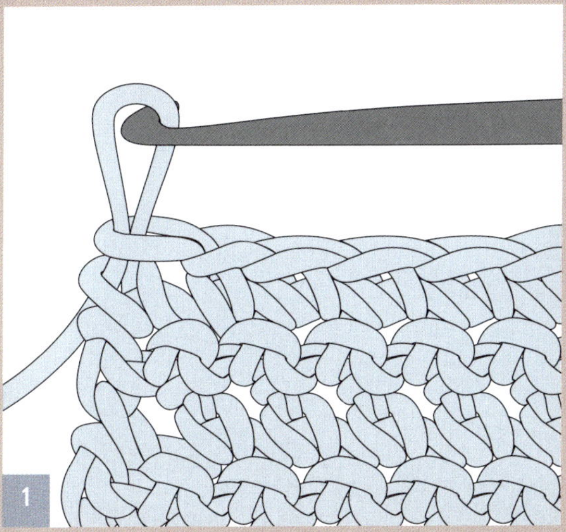
1

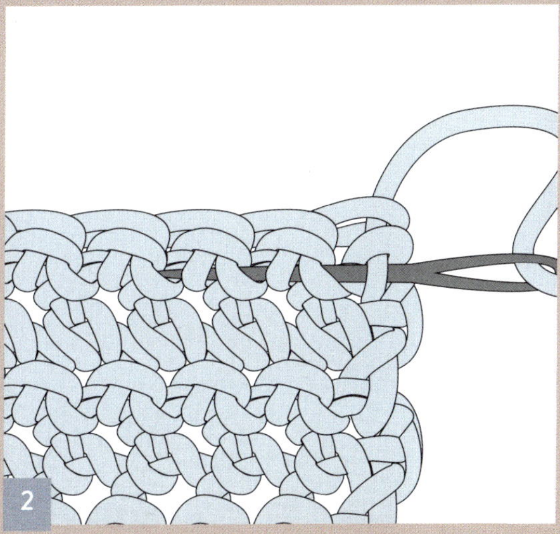
2

Stickstich

KNÖTCHENSTICH

Der Faden ein- oder zweimal über die Nadel schlingen und durchziehen, sodass ein Knoten entsteht. Danach knapp neben der Ausstichstelle einstechen und den Faden durchziehen. Zum Schluss den Faden auf der Rückseite sichern.

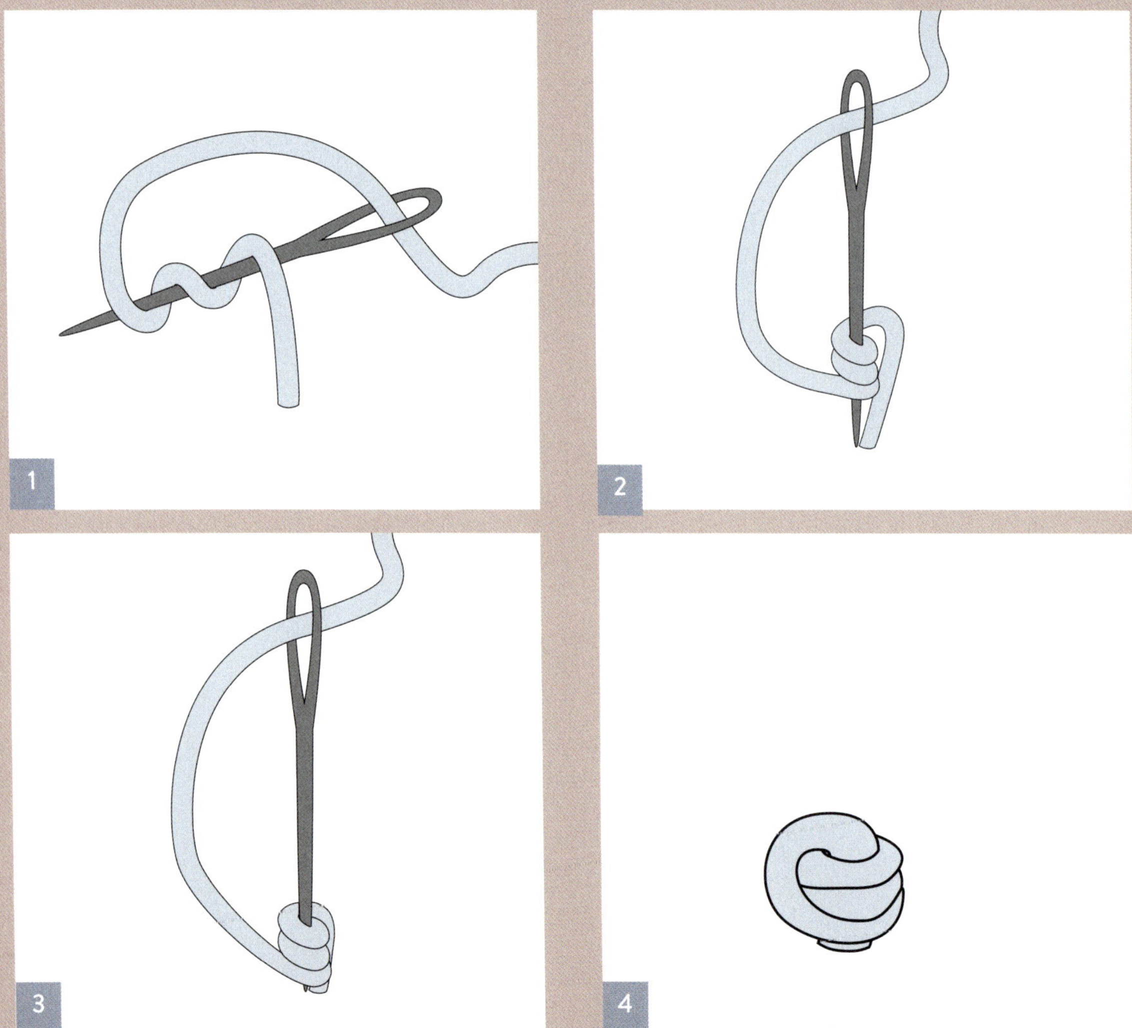

Abkürzungen

abn	abnehmen
anschl	anschlagen
Fb	Farbe(n)
fM	feste Masche(n)
hStb	halbes Stäbchen
ihM	ins hintere Maschenglied
ivM	ins vordere Maschenglied
Km	Kettmasche(n)
LL	Lauflänge
Lm	Luftmasche(n)
M	Masche(n)
MM	Maschenmarkierer
Nd	Nadel
R	Reihe(n)
Rd	Runde(n)
wdh	wiederholen
zun	zunehmen
zus	zusammen

Schwierigkeitsgrade

● = einfach ●● = mittel ●●● = schwer

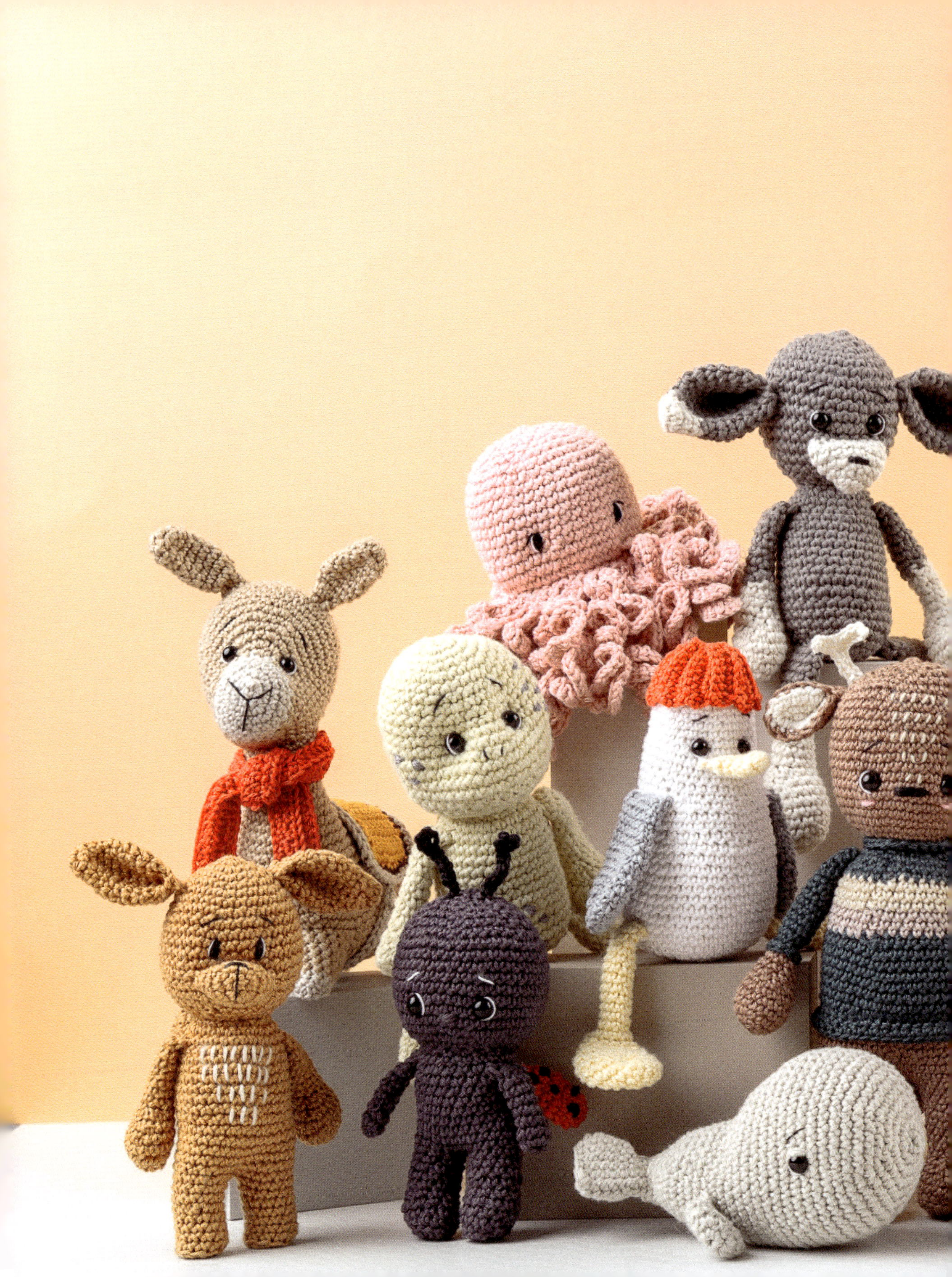

Projekte

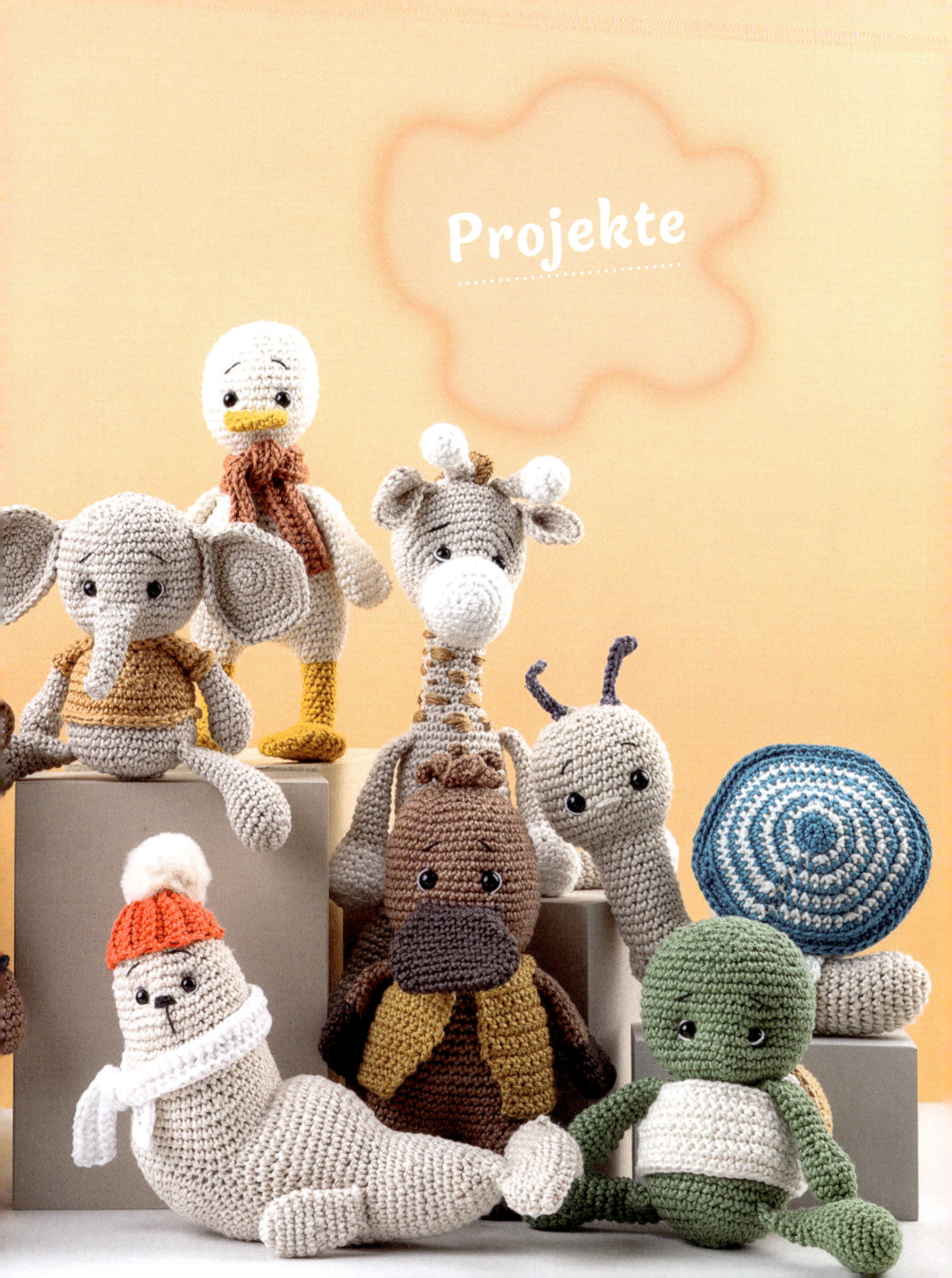

Hermine, die Biene, und Mathilda, der Marienkäfer

Schon als kleine Insektenkinder waren Hermine und Mathilda die besten Freundinnen. Tagelang lagen sie in der Wiese, beobachteten die Wolken und träumten davon, einmal große Artistinnen zu werden. Heutzutage sind sie gemeinsam unterwegs und begeistern die Welt mit ihren Zaubershows quer durch Europa.

Größe 15 cm

Material

Für die Biene:

- Scheepjes Catona (100 % Baumwolle, LL 125 m/50 g) in
- Yellow Gold (Fb 208), 15 g
- Jet Black (Fb 110), 5 g
- Snow White (Fb 106), 5 g

Für den Marienkäfer:

- Wollbutt Camilla (100 % Baumwolle, LL 125 m/50 g) in
- Dunkelgrau (Fb 27155), 20 g
- Rot (Fb 35442), 5 g
- Schwarz (Fb 35435), ein Rest

Außerdem:

- Häkelnadel 2,5 mm
- Sicherheitsaugen Ø 8 mm
- Filetgarn in Schwarz und Weiß
- Füllwatte
- Stopfnadel zum Vernähen

ARME

(2 x in Yellow Gold oder Dunkelgrau)

Häkle in Spiral-Rd. Die Arme nicht mit Füllwatte ausstopfen.

1. Rd: 8 fM in den Fadenring häkeln. [8]
2.–3. Rd: 8 fM.
4. Rd: 2 fM, 2 x 1 M abn, 2 fM. [6]
5.–8. Rd: 6 fM.

Das Ende falten und mit 3 fM zusammenhäkeln. Den Faden abschneiden und vernähen.

FLÜGEL

(2 x in Snow White oder Rot)

Häkle in Spiral-Rd. Die Flügel nicht mit Füllwatte ausstopfen.

1. Rd: 6 fM in den Fadenring häkeln. [6]
2. Rd: 6 x 1 M zun. [12]
3.–4. Rd: 12 fM.
5. Rd: *4 fM, 1 M abn*, von * bis * noch 1 x wdh. [10]
6. Rd: *3 fM, 1 M abn*, von * bis * noch 1 x wdh. [8]
7. Rd: 8 fM.
8. Rd: *2 fM, 1 M abn*, von * bis * noch 1 x wdh. [6]

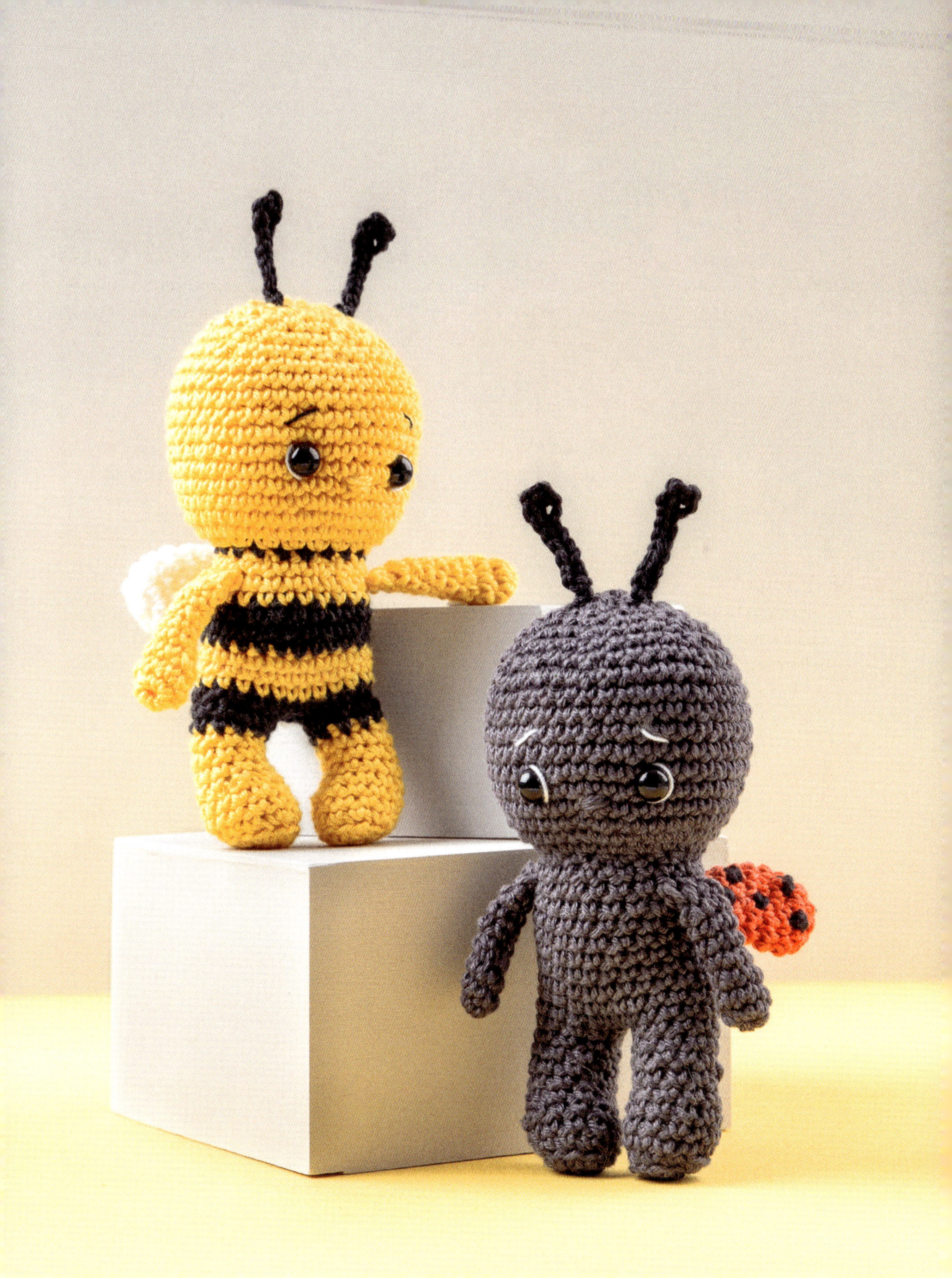

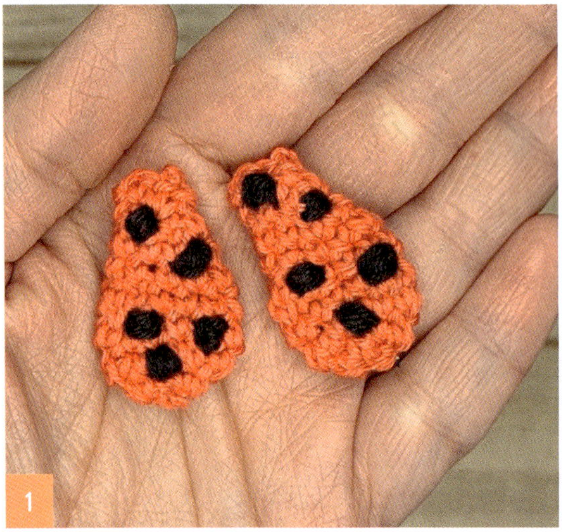
1
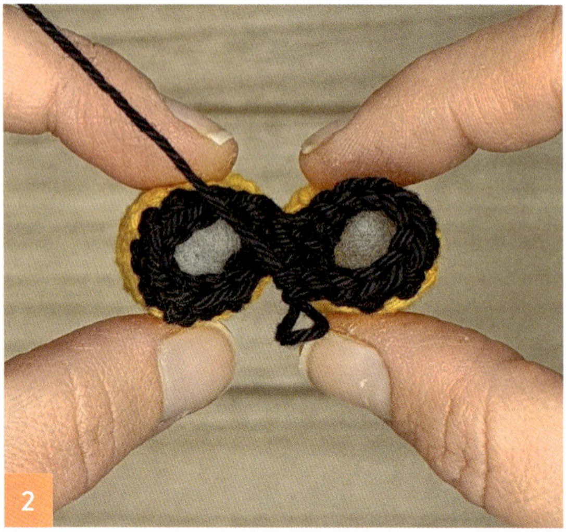
2
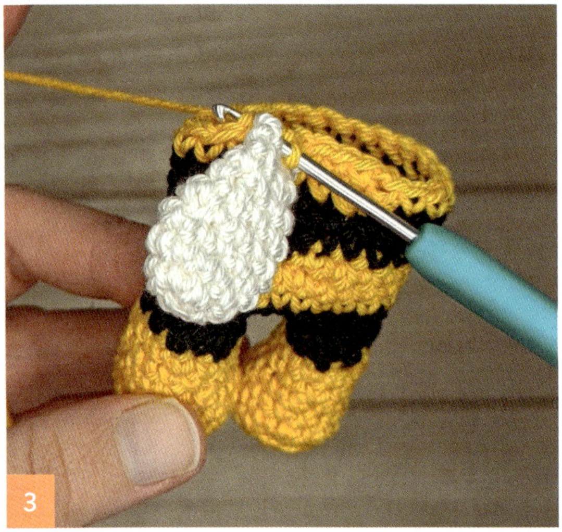
3
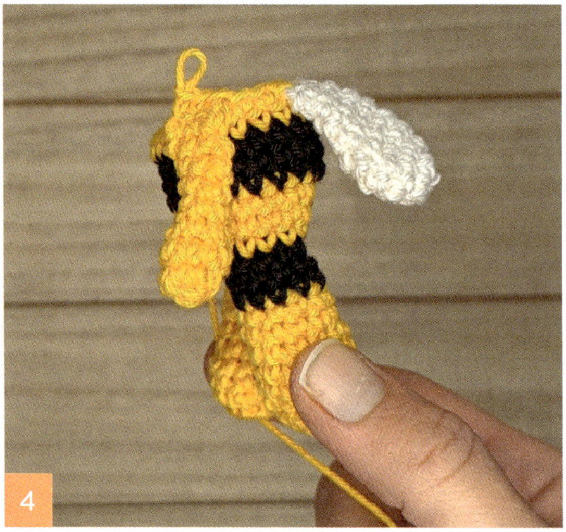
4
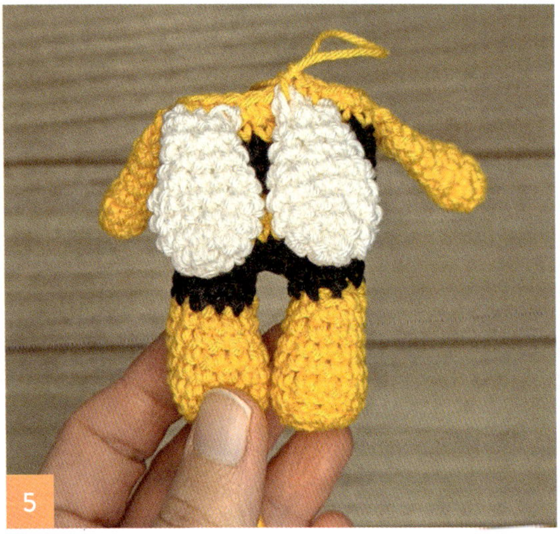
5
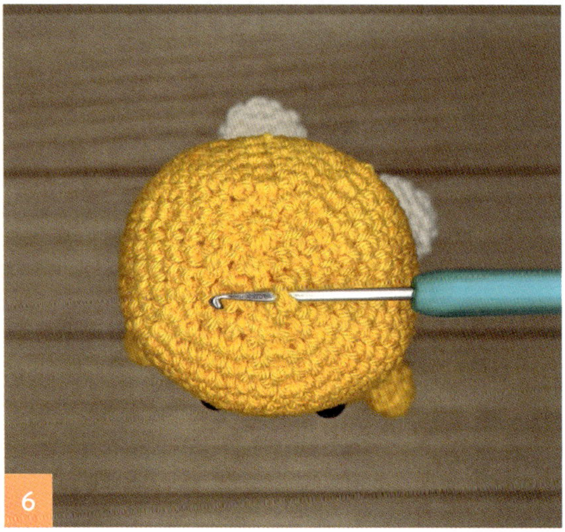
6

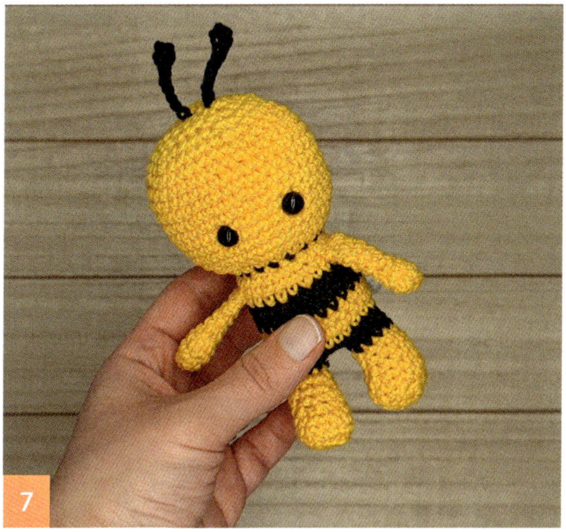

7

Das Ende falten und mit 3 fM zusammenhäkeln. Den Faden abschneiden und vernähen. Bei den roten Flügeln: Punkte in Schwarz mithilfe des Knötchenstich (S. 24) aufsticken. **(Bild 1)** Alternativ kannst du ebenso mehrmals über 1 fM sticken, bis die gewünschte Größe des Punktes erreicht ist.

BEINE

(2x in Yellow Gold und Jet Black oder Dunkelgrau)

Häkle in Spiral-Rd. Die Beine fortlaufend mit Füllwatte ausstopfen. Beginne bei der Biene in Yellow Gold.

1. Rd: 6 fM in den Fadenring häkeln. [6]
2. Rd: 6 x 1 M zun. [12]
3. Rd: 12 fM ihM.
4.–5. Rd: 12 fM.
6. Rd: 4 fM, 2 x 1 M abn, 4 fM. [10]
7.–9. Rd: 10 fM.
Bei Biene: Fb-Wechsel zu Schwarz.
10. Rd: 10 fM.

Das erste Bein abketten und den Faden vernähen. Ein zweites Bein häkeln, jedoch nicht abketten, sondern 3 fM zusätzlich häkeln. Die Anfangsschlaufe sollte parallel zur Fußspitze liegen. Es geht direkt mit dem Körper weiter.

KÖRPER UND KOPF

(in Jet Black und Yellow Gold oder Dunkelgrau)

Häkle in Spiral-Rd. Körper und Kopf fortlaufend mit Füllwatte ausstopfen. Beginne bei der Biene in Jet Black.
2 Lm an das zweite Bein häkeln, in das erste Bein einstechen und wie folgt weiterarbeiten:

1. Rd: 10 fM um Bein 1, 2 fM in Lm-Kette, 10 fM um Bein 1, 2 fM in Lm-Kette. [24] **(Bild 2)**
2. Rd: 24 fM.
Bei Biene: Fb-Wechsel zu Yellow Gold.
3.–5. Rd: 24 fM.
Bei Biene: Fb-Wechsel zu Jet Black.
6.–8. Rd: 24 fM.
Bei Biene: Fb-Wechsel zu Yellow Gold.
9. Rd: 24 fM.
Der Rd-Anfang sollte nun hinten mittig liegen. Bei Bedarf bis zu diesem Punkt weiterhäkeln.
10. Rd: 3 fM durch Flügel und Körper, 3 fM entlang Körper, 3 fM durch Arm und Körper, 6 fM entlang Körper, 3 fM durch Arm und Körper, 3 fM, 3 fM durch Flügel und Körper. [24] **(Bild 3–5)**
11. Rd: 24 fM.
Bei Biene: Fb-Wechsel zu Jet Black.
12. Rd: *2 fM, 1 M abn*, von * bis * noch 5 x wdh. [18]
Bei Biene: Fb-Wechsel zu Yellow Gold.
13. Rd: 18 x 1 fM zun. [36]
14. Rd: *5 fM, 1 M zun*, von * bis * noch 5 x wdh. [42]
15.–24. Rd: 42 fM.
Die Augen zwischen der 17. und 18. Rd mit 5 fM Abstand befestigen.
25. Rd: *5 fM, 1 M abn*, von * bis * noch 5 x wdh. [36]
26. Rd: *4 fM, 1 M abn*, von * bis * noch 5 x wdh. [30]
27. Rd: *3 fM, 1 M abn*, von * bis * noch 5 x wdh. [24]

28. Rd: *2 fM, 1 M abn*, von * bis * noch 5 x wdh. [18]
29. Rd: *1 fM, 1 M abn*, von * bis * noch 5 x wdh. [12]
30. Rd: 6 x 1 fM abn. [6]
Faden abschneiden, durch alle vorderen M-Glieder fädeln, festziehen und vernähen.

FÜHLER

(2 x in Schwarz)

Stich ca. 10 Rd parallel über dem Auge ein und nimm den Faden in Schwarz wieder auf. **(Bild 6)** Häkle 9 Lm, stich in die 2. Lm von der Nd aus ein und häkle 3 fM in 1 M und 7 Km entlang der Lm-Kette und 1 Km in den Kopf. Den Faden abschneiden **(Bild 7)** und den Fühler festziehen, Faden vernähen. Für den zweiten Fühler wdh. Anschließend das Augenweiß direkt neben den Augen aufsticken. Die Augenbrauen bei der Biene mit schwarzem Filetgarn, beim Marienkäfer mit weißem Filetgarn 1 Rd über dem Auge über 1 fM breit und 1 Rd hoch sticken. Die Nase in jeweiliger Farbe zwischen der 16. und 17. Rd über 1 fM breit aufsticken, dazu 3 x einstechen.

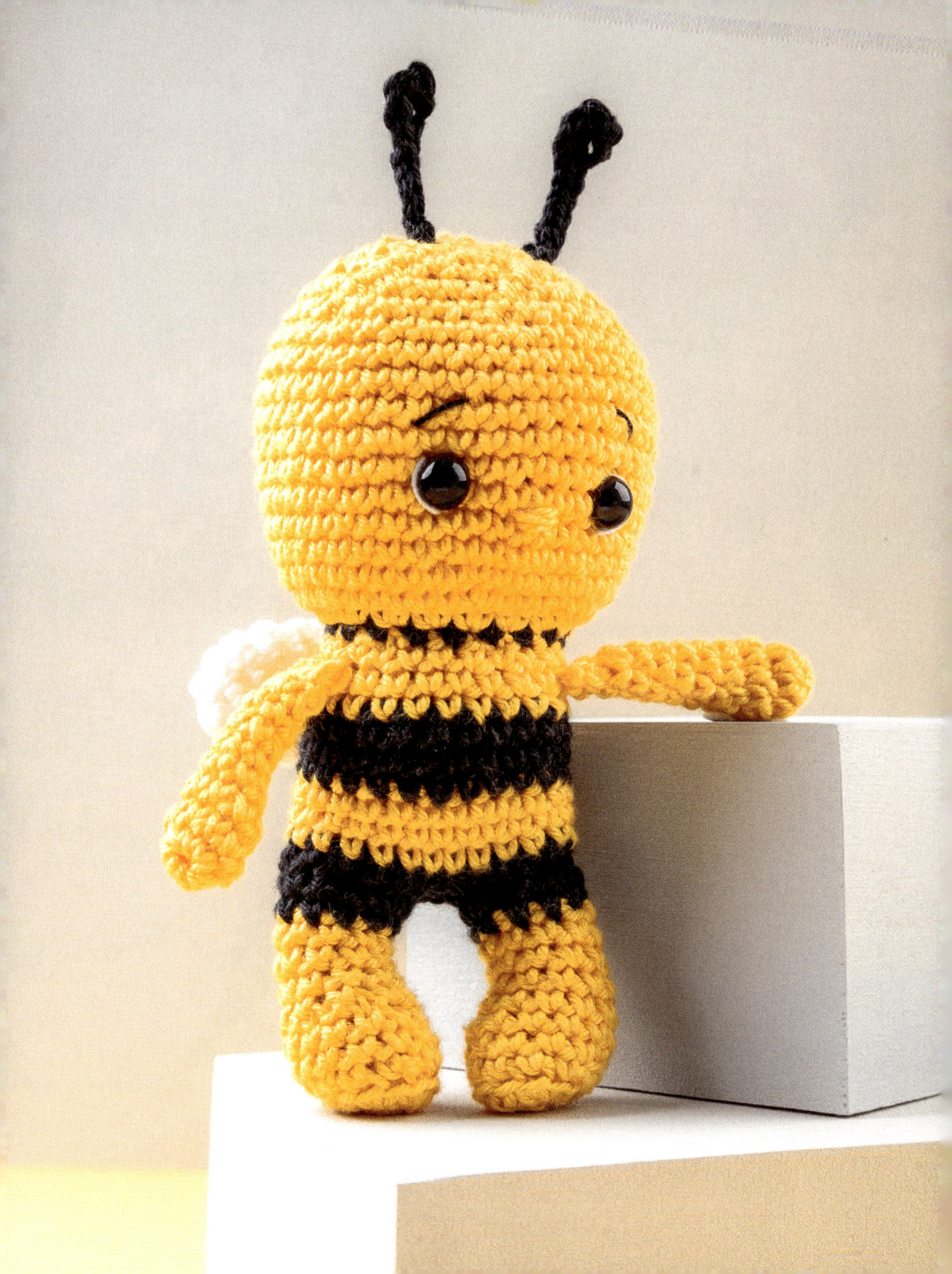

Diego, der Dino

Diego war schon immer anders als die anderen Dinos. Doch zum Glück lernte er früh seinen besten Freund Sammy Schildkröte kennen. Gemeinsam verbunden waren die beiden durch ihre Beobachtungsgabe. Jedes kleine Detail in der Natur fiel ihnen auf. So war es nur eine Frage der Zeit, bis die beiden ihr gemeinsames Fotostudio eröffneten und fortan als Naturfotografen die Welt bunter machten.

Größe 16 cm / 20 cm

Hinweis: Wenn man unterschiedliche Garne verwendet, können unterschiedliche Größen der Amigurumi entstehen, wie man an diesem Beispiel sieht.

Material

Variante 1

- Scheepjes Catona (100 % Baumwolle, LL 125 m/50 g) in
- Topaz (Fb 179), 20 g
- Leinen (Fb 505), ein Rest

Variante 2

- Gründl Eco Cotton (100 % Baumwolle, LL 105 m/50 g) in
- Salbei (Fb 09), 50 g
- Gründl Cotton quick uni (110 % Baumwolle, LL 125/50g) in
- Silbergrau (Fb 070), ein Rest
- Creme (Fb 101), ein Rest

Außerdem:

- Häkelnadel 2,5 mm
- Sicherheitsaugen ∅ 7 mm und 8 mm
- Filetgarn in Schwarz und Weiß
- Füllwatte
- Stopfnadel zum Vernähen
- Maschenmarkierer

BEINE

(2 x in Topaz oder Salbei)

Häkle in Spiral-Rd. Nur die Füße mit Füllwatte ausstopfen.

1. Rd: 6 fM in einen Fadenring häkeln. [6]
2. Rd: 6 x 1 M zun. [12]
3. Rd: *5 fM, 1 M zun*, von * bis * noch 1 x wdh. [14]
4. Rd: *6 fM, 1 M zun*, von * bis * noch 1 x wdh. [16]
5. Rd: 16 fM ihM.
6. Rd: 6 fM, 2 x 1 M abn, 6 fM. [14]
7. Rd: 5 fM, 2 x 1 M abn, 5 fM. [12]
8. Rd: 4 fM, 2 x 1 M abn, 4 fM. [10]

9.–16. Rd: 10 fM.

Das Ende falten und mit 5 fM zusammenhäkeln. Die Faltkante liegt dabei parallel zur Fußspitze. Den Faden abschneiden und vernähen.

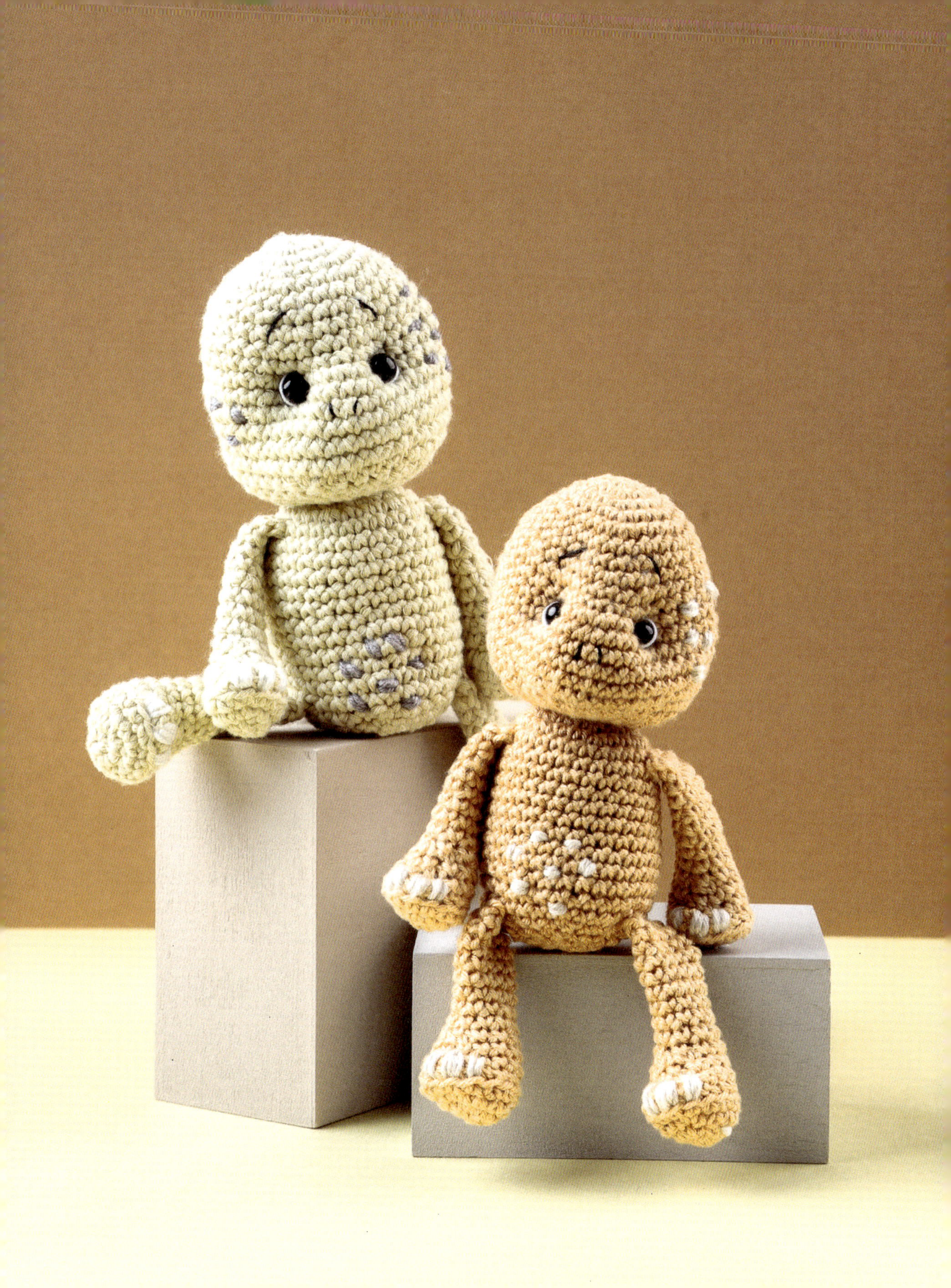

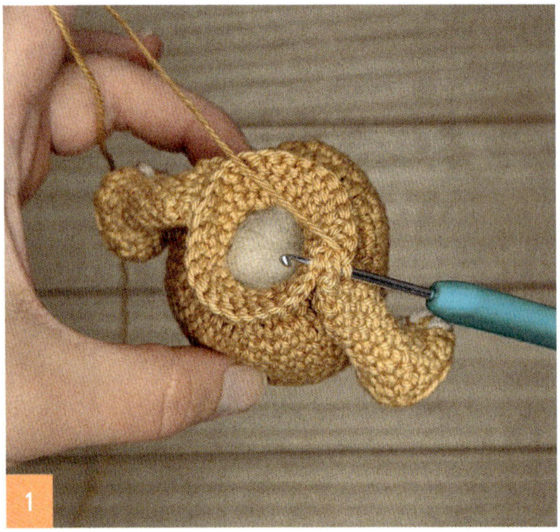

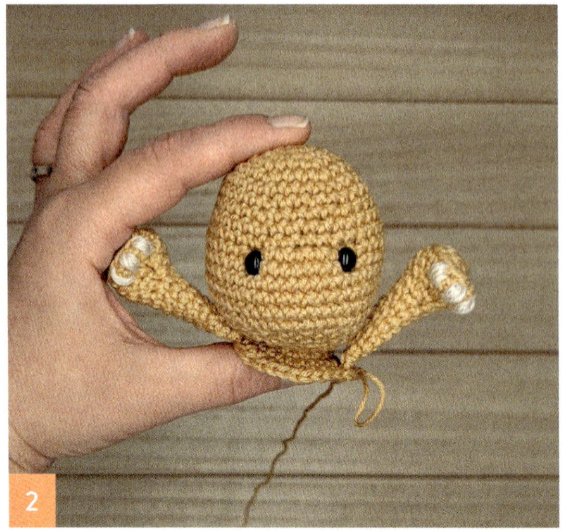

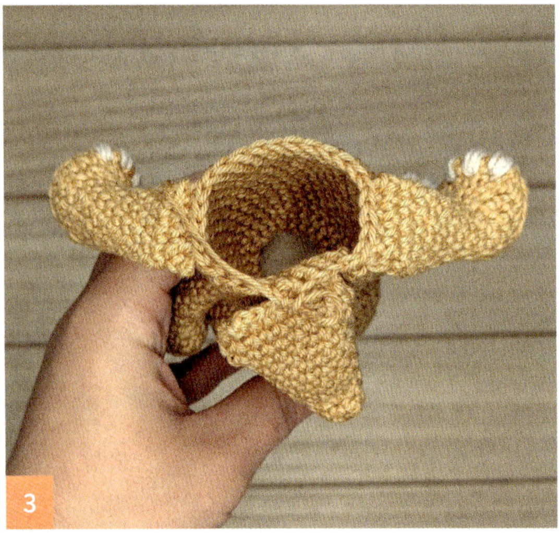

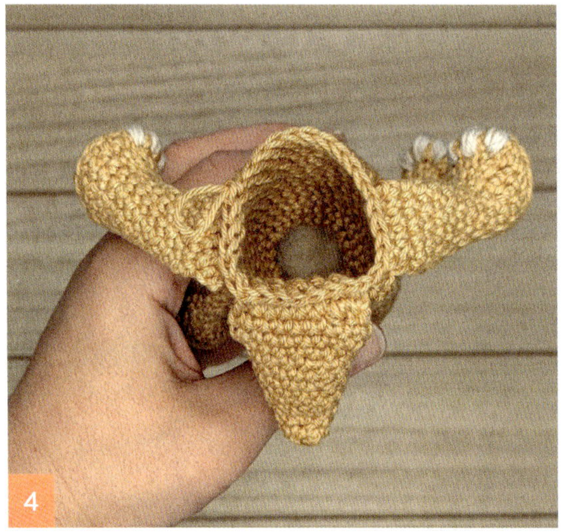

ARME

(2x in Topaz oder Salbei)

Häkle in Spiral-Rd. Nur die Faust mit Füllwatte ausstopfen.

1. Rd: 6 fM in einen Fadenring häkeln. [6]
2. Rd: 6x 1 M zun. [12]
3. Rd: *5 fM, 1 M zun*, von * bis * noch 1x wdh. [14]
4. Rd: 14 fM ihM.
5. Rd: 5 fM, 2x 1 M abn, 5 fM. [12]
6. Rd: 4 fM, 2x 1 M abn, 4 fM. [10]
7. Rd: 3 fM, 2x 1 M abn, 3 fM. [8]

8.–14. Rd: 8 fM.

Das Ende falten und mit 4 fM zusammenhäkeln. Die Faltkante liegt dabei parallel zur Spitze der Faust. Den Faden abschneiden und vernähen. Jeweils 4 Zehennägel in Creme oder Leinen auf Händen und Füßen über 2 fM Höhe aufsticken, stich dazu pro Zehennagel ca. 4x ein.

SCHWANZ

(in Topaz oder Salbei)

Häkle in Spiral-Rd. Die Spitze nicht mit Füllwatte ausstopfen, den Schwanz jedoch fortlaufend ausstopfen.

1. Rd: 6 fM in einen Fadenring häkeln. [6]
2. Rd: 6 fM.
3. Rd: *1 fM, 1 M zun*, von * bis * noch 2x wdh. [9]
4. Rd: 9 fM.
5. Rd: *2 fM, 1 M zun*, von * bis * noch 2x wdh. [12]

6.–7. Rd: 12 fM.

8. Rd: *3 fM, 1 M zun*, von * bis * noch 2x wdh. [15]

9.–11. Rd: 15 fM.

12. Rd: *4 fM, 1 M zun*, von * bis * noch 2x wdh. [18]
13. Rd: 18 fM.
14. Rd: *7 fM, 1 M abn*, von * bis * noch 1x wdh. [16]

Das Ende falten und mit 8 fM zusammenhäkeln. Den Faden abschneiden und vernähen.

KOPF UND KÖRPER

(in Topaz oder Salbei)

Häkle in Spiral-Rd. Den Körper fortlaufend mit Füllwatte ausstopfen.

1. Rd: 6 fM in einen Fadenring häkeln. [6]
2. Rd: 6x 1 M zun. [12]
3. Rd: *1 fM, 1 M zun*, von * bis * noch 5x wdh. [18]
4. Rd: *2 fM, 1 M zun*, von * bis * noch 5x wdh. [24]
5. Rd: *3 fM, 1 M zun*, von * bis * noch 5x wdh. [30]

6.–7. Rd: 30 fM.

8. Rd: *4 fM, 1 M zun*, von * bis * noch 5x wdh. [36]

9.–10. Rd: 36 fM.

11. Rd: 15 fM, 6x 1 M zun, 15 fM. [42]

12.–16. Rd: 42 fM.

17. Rd: 15 fM, 6x 1 M abn, 15 fM. [36]

Befestige die Augen zwischen der 11. und 12. Rd. mit 8 fM Abstand. Die Zunahmen liegen dabei zwischen den Augen.

18. Rd: *4 fM, 1 M abn*, von * bis * noch 5x wdh. [30]
19. Rd: *3 fM, 1 M abn*, von * bis * noch 5x wdh. [24]
20. Rd: *2 fM, 1 M abn*, von * bis * noch 5x wdh. [18]
21. Rd: *1 fM, 1 M abn*, von * bis * noch 5x wdh. [12]
22. Rd: 12x 1 M zun. [24]
23. Rd: *3 fM, 1 M zun*, von * bis * noch 5x wdh. [30]
24. Rd: *11 fM, 4 fM durch Arm und Körper*, von * bis * noch 1x wdh. [30] **(Bild 1 & 2)**

25.–34. Rd: 30 fM.
35. Rd: 5 fM, 5 fM durch Bein und Körper, 10 fM, 5 fM durch Bein und Körper, 1 fM, 4 fM durch 1. Hälfte von Schwanz und Körper. [30]
36. Rd: 4 fM durch 2. Hälfte des Schwanzes, 26 fM. [30] **(Bild 3 & 4)**
37. Rd: *3 fM, 1 M abn*, von * bis * noch 5 x wdh. [24]
38. Rd: *2 fM, 1 M abn*, von * bis * noch 5 x wdh. [18]
39. Rd: *1 fM, 1 M abn*, von * bis * noch 5 x wdh. [12]
40. Rd: 6 x 1 M abn. [6]
Faden abschneiden, durch alle vorderen M-Glieder fädeln, festziehen und vernähen. Einen Restfaden in der Körperfarbe zurechtschneiden und die Augen vertiefen. Eine Anleitung zum Vertiefen der Augen findest beim Elefanten auf S. 51–52. Das Augenweiß direkt neben den Augen aufsticken. Die Augenbrauen in schwarzem Filetgarn 2 Rd über den Augen über 2 Rd hoch und 2 fM breit aufsticken. Die Nasenlöcher ebenso in Schwarz über die 13. Rd, direkt unter den Augen über 1 fM hoch und mit 1 fM Abstand dazwischen, aufsticken. Die Flecken jeweils in Silbergrau oder Leinen auf Kopf und Körper sticken. Nutze dazu den Knötchenstich (S. 24) oder stich mehrmals über 1 fM, bis die gewünschte Dicke des Flecks erreicht ist.

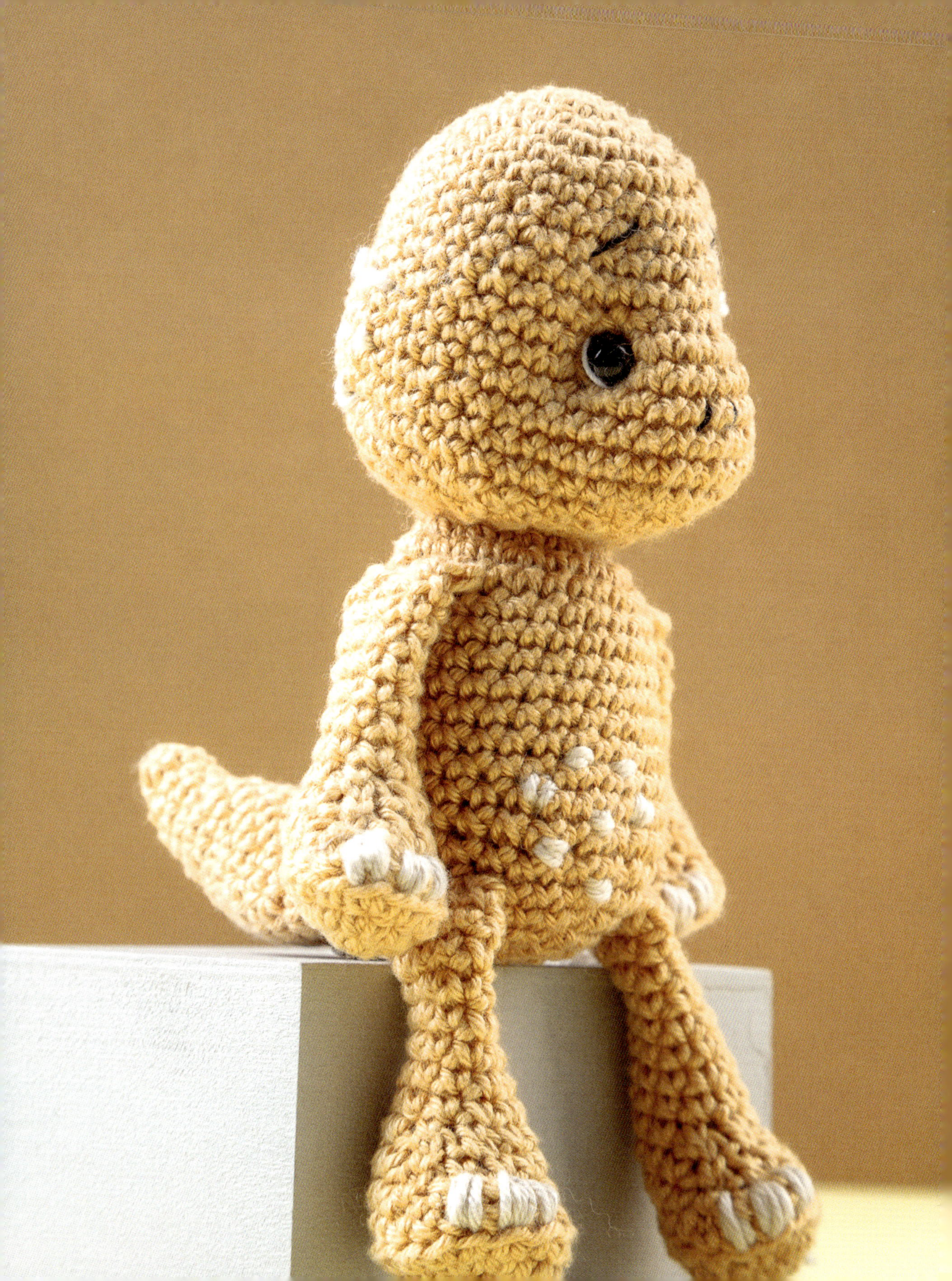

Emma, das Eichhörnchen

Als Emma mit drei Jahren nach New York kam, war ihr nicht klar, was sie dort erwarten würde. Angst hatte sie allemal vor der Großstadt, doch ihre erste Begegnung mit den Eichhörnchen des Central Parks ließen sie aufatmen. Nun verbringt Emma die Tage damit, ihr Zuhause mit Nüssen zu füllen und das Leben zu genießen.

Größe 18 cm

Material

Variante 1
- Schachenmayr Catania (100 % Baumwolle, LL 125 m/50 g) in
- Fuchs (Fb 426), 35 g
- Sand (Fb 404), ein Rest

Variante 2
- Wollbutt Camilla (100 % Baumwolle, LL 125 m/50 g) in
- Karamell (Fb 35947), 35 g
- Beige (Fb 35933), ein Rest

Außerdem:
- Häkelnadel 2,5 mm
- Sicherheitsaugen Ø 6 mm
- Filetgarn in Schwarz und Weiß
- Füllwatte
- Stopfnadel zum Vernähen

OHREN

(2 x in Fuchs oder Karamell)

Häkle in Spiral-Rd. Die Ohren nicht mit Füllwatte ausstopfen.

1. Rd: 6 fM in einen Fadenring häkeln. [6]
2. Rd: 6 fM.
3. Rd: *1 fM, 1 M zun*, von * bis * noch 2 x wdh. [9]
4. Rd: 9 fM.
5. Rd: *2 fM, 1 M zun*, von * bis * noch 2 x wdh. [12]
6. Rd: *5 fM, 3 fM in 1 M*, von * bis * noch 1 x wdh. [16]
7.–8. Rd: 16 fM.
9. Rd: *6 fM, 1 M abn*, von * bis * noch 1 x wdh. [14]
10. Rd: 14 fM.
11. Rd: *5 fM, 1 M abn*, von * bis * noch 1 x wdh. [12]

Das Ende falten und mit 6 fM zusammenhäkeln. Anschließend noch einmal falten und mit weiteren 3 fM zusammenhäkeln. **(Bild 1 & 2)**

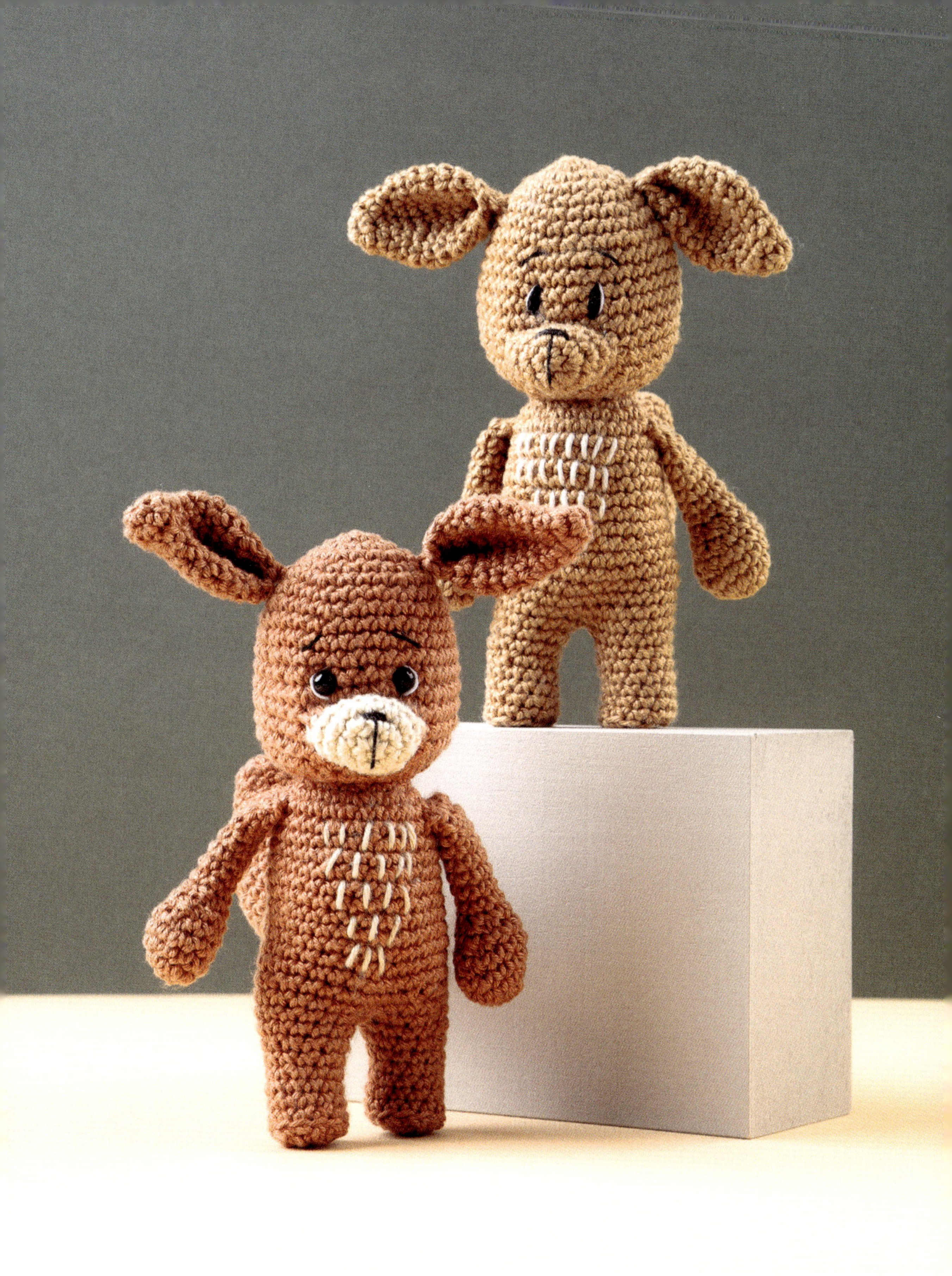

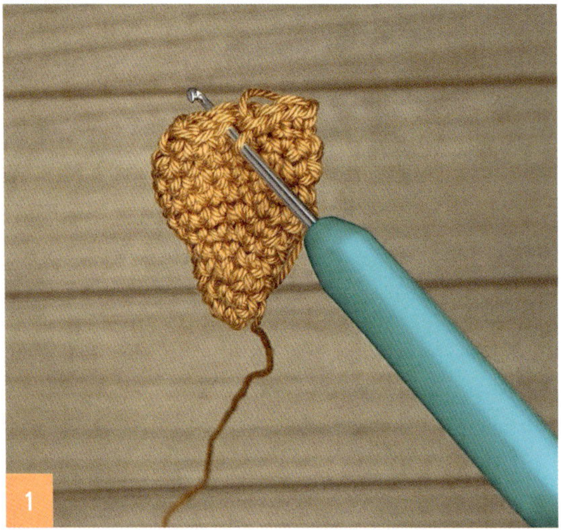
1

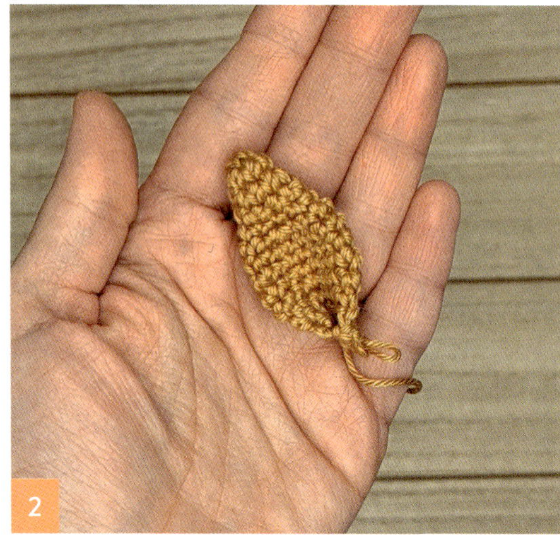
2

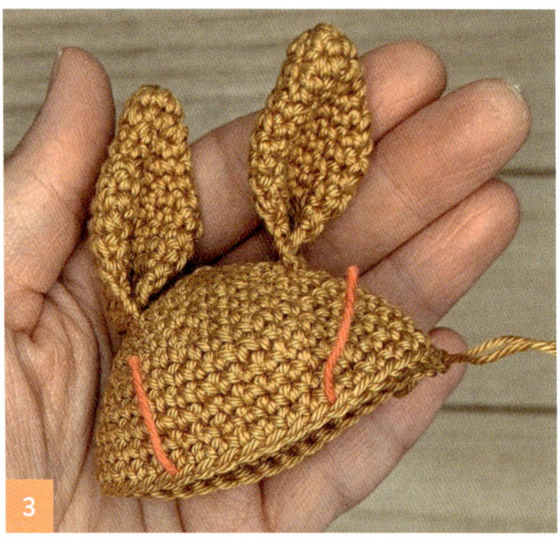
3

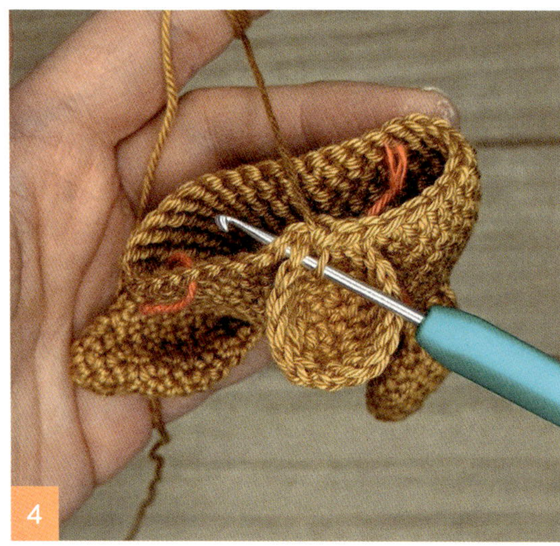
4

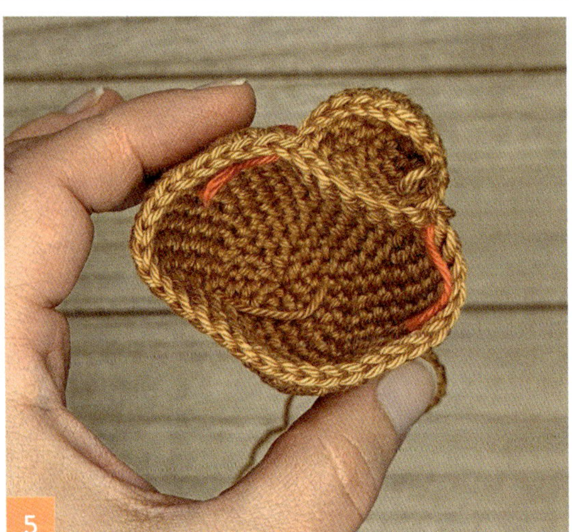
5

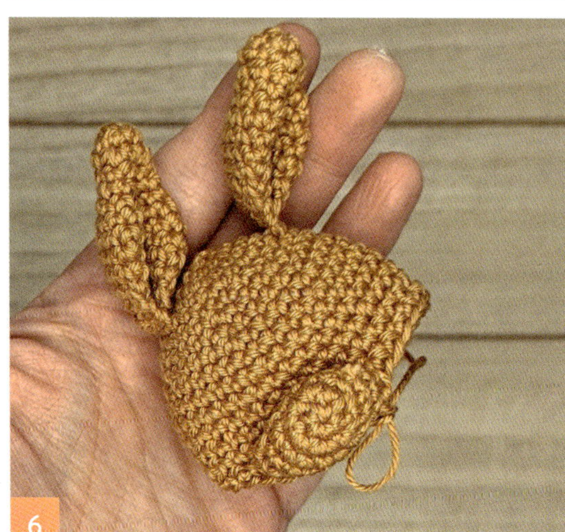
6

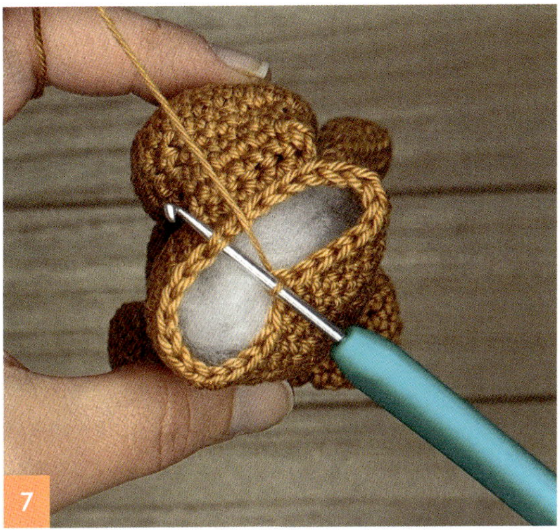

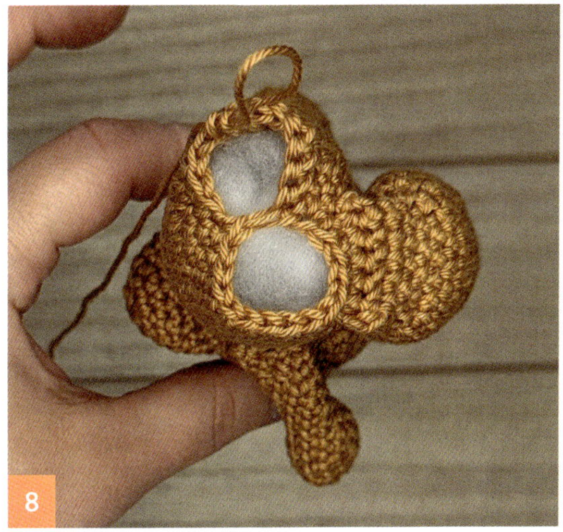

SCHNAUZE

(in Sand oder Karamell)

Häkle in Spiral-Rd. Die Schnauze fest mit Füllwatte ausstopfen.

1. Rd: 6 fM in einen Fadenring häkeln. [6]
2. Rd: 6 x 1 M zun. [12]
3. Rd: *5 fM, 1 M zun*, von * bis * noch 1 x wdh. [14]
4. Rd: *6 fM, 1 M zun*, von * bis * noch 1 x wdh. [16]
5. Rd: 16 fM.

Den Faden abschneiden und vernähen.

ARME

(2 x in Fuchs oder Karamell)

Häkle in Spiral-Rd. Nur die Faust mit Füllwatte ausstopfen.

1. Rd: 6 fM in einen Fadenring häkeln. [6]
2. Rd: 6 x 1 M zun. [12]
3. Rd: *5 fM, 1 M zun*, von * bis * noch 1 x wdh. [14]
4. Rd: 14 fM.
5. Rd: 5 fM, 2 x 1 M abn, 5 fM. [12]
6. Rd: 4 fM, 2 x 1 M abn, 4 fM. [10]
7. Rd: 3 fM, 2 x 1 M abn, 3 fM. [8]
8.–13. Rd: 8 fM.

Das Ende falten und mit 4 fM zusammenhäkeln. Die Faltkante sollte dabei in einer Linie zur Faust liegen. Den Faden abschneiden und vernähen.

SCHWANZ

(in Fuchs oder Karamell)

Häkle in Spiral-Rd. Den Schwanz fortlaufend mit Füllwatte ausstopfen.

1. Rd: 6 fM in einen Fadenring häkeln. [6]
2. Rd: *1 fM, 1 M zun*, von * bis * noch 2 x wdh. [9]
3. Rd: 9 fM.
4. Rd: *2 fM, 1 M zun*, von * bis * noch 2 x wdh. [12]
5. Rd: *4 fM, 2 x 1 M zun*, von * bis * noch 1 x wdh. [16]
6.–9. Rd: 16 fM.
10. Rd: *6 fM, 2 x 1 M zun*, von * bis * noch 1 x wdh. [20]
11.–14. Rd: 20 fM.
15. Rd: *6 fM, 2 x 1 M abn*, von * bis * noch 1 x wdh. [16]
16. Rd: *4 fM, 2 x 1 M abn*, von * bis * noch 1 x wdh. [12]
17.–18. Rd: 12 fM.

Das Ende falten und mit 6 fM zusammenhäkeln. Den Faden abschneiden und vernähen.

KOPF UND KÖRPER

(in Fuchs oder Karamell)

Häkle in Spiral-Rd. Körper und Kopf fortlaufend mit Füllwatte ausstopfen.

1. Rd: 6 fM in einen Fadenring häkeln. [6]
2. Rd: 6 x 1 M zun. [12]
3. Rd: *1 fM, 1 M zun*, von * bis * noch 5 x wdh. [18]
4. Rd: *2 fM, 1 M zun*, von * bis * noch 5 x wdh. [24]
5. Rd: *9 fM, 3 fM durch Ohr und Kopf *, von * bis * noch 1 x wdh. [24]
6. Rd: *3 fM, 1 M zun*, von * bis * noch 5 x wdh. [30]
7. Rd: 30 fM.
8. Rd: *4 fM, 1 M zu *, von * bis * noch 5 x wdh. [36]
9.–13. Rd: 36 fM.

Markiere nun mittig zwischen den Ohren 8 fM, um die Position für die Schnauze zu finden. **(Bild 3)**

14. Rd: 24 fM, 8 fM durch die obere Hälfte der Schnauze und den Kopf, 4 fM. [36].

Die Schnauze währenddessen fest mit Füllwatte ausstopfen. **(Bild 4 & 5)**

15. Rd: 24 fM, 8 fM durch untere Hälfte der Schnauze und Kopf, 4 fM. [36]) **(Bild 6)**
16. Rd: * 4 fM, 1 M abn *, von * bis * noch 5 x wdh. [30]
17. Rd: * 3 fM, 1 M abn *, von * bis * noch 5 x wdh. [24]

Wenn du Sicherheitsaugen verwendest, bringe diese nun 1 Rd über der Schnauze mit einem Abstand von 4 fM an.

18. Rd: *2 fM, 1 M abn*, von * bis * noch 5 x wdh. [18]
19. Rd: *1 fM, 1 M abn*, von * bis * noch 5 x wdh. [12]

Es geht weiter mit dem Körper.

20. Rd: 12 x 1 M zun. [24]
21. Rd: *3 fM, 1 M zun*, von * bis * noch 5 x wdh. [30]

In folgender Rd werden die Arme eingehäkelt, diese sollten parallel zu den Ohren liegen.

22. Rd: *4 fM durch Arm und Körper, 11 fM*, von * bis * noch 1 x wdh. [30]
23.–32. Rd: 30 fM.

6 fM mittig am Rücken markieren, um die Position für den Schwanz zu finden.

33. Rd: 18 fM, 6 fM durch Schwanz und Körper, 6 fM. [30]
34. Rd: *13 fM, 1 M abn*, von * bis * noch 1 x wdh. [28]

Es folgt die Aufteilung der Beine.

35. Rd: ca. 5 fM bis zur vorderen Mitte des Körpers, ab der Nd 14 fM rückwärts zählen und in die 14. fM einstechen, 9 fM. [14] **(Bild 7 & 8)**
36.–37. Rd: 14 fM.
38. Rd: *5 fM, 1 M abn*, von * bis * noch 1 x wdh. [12]
39.–43. Rd: 12 fM.
44. Rd: 12 fM ihM.
45. Rd: 6 x 1 M abn. [6]

Faden abschneiden, durch alle vorderen M-Glieder fädeln, festziehen und vernähen. Den Fuß unten etwas flach drücken. Anschließend den Faden an der 2. Öffnung wieder aufnehmen und 1 Rd mit 14 fM häkeln. Dann die 36.–45. Rd des Körpers wdh. Die Öffnung zwischen den Beinen mit ein paar Stichen zunähen. Bei Bedarf den Schwanz etwas am Rücken festnähen.

DETAILS GESICHT

Das Augenweiß in weißem Filetgarn direkt neben den Augen aufsticken. Die Nase in Schwarz zwischen der. 2. und 3. Rd der Schnauze über 2 fM breit sticken, dazu ca. 3 x einstechen. Darunter noch 4 fM nach unten sticken. Die Augenbrauen in Schwarz 1 Rd über den Augen über 1 Rd hoch und 2 fM breit sticken. Die Brust mit Restgarn in Beige oder Sand besticken. Wenn du die Augen sticken möchtest, sticke diese nun in schwarzem Filetgarn 1 Rd über der Schnauze über 2 Rd hoch auf, dazu ca. 6 x einstechen. Die Augenbrauen, das Augenweiß sowie die Nase werden genauso wie bei der Variante mit den Sicherheitsaugen gestickt. Eine bebilderte Anleitung für das Sticken der Augen findest du bei der Anleitung für die Quallel auf S. 80.

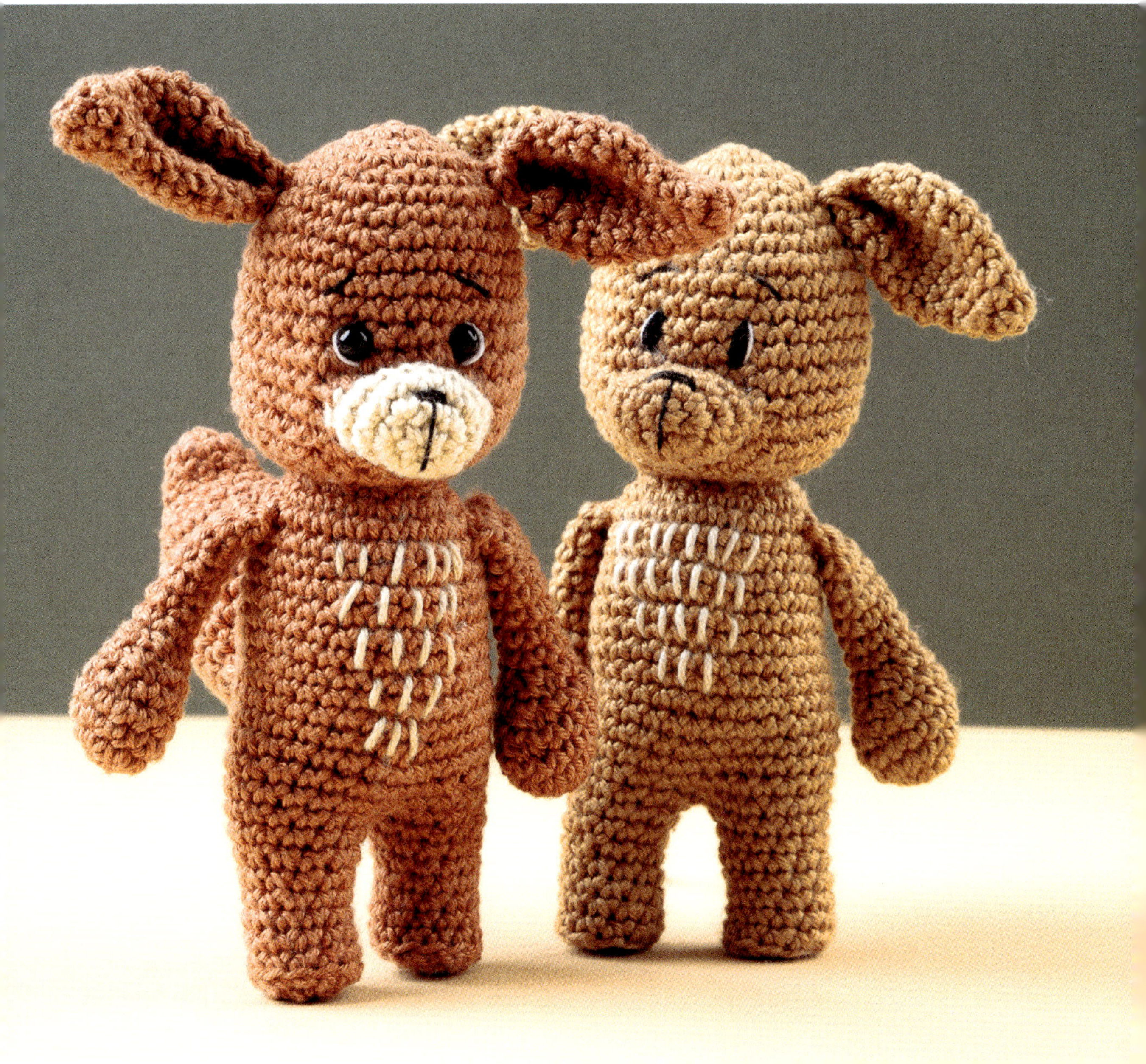

Enzo, der Elefant

Glück bedeutet für Enzo nicht viel. Dazu braucht er lediglich einen Pinsel, seine Leinwände und eine Tasse Espresso. In seiner Heimatstadt Florenz gelingt ihm das besonders gut, doch er ist auch nicht abgeneigt, einmal über den Tellerrand zu schauen. Vielleicht geht es einmal nach Prag?

Größe 18 cm

Material

Variante 1

- Wollbutt Camilla (100 % Baumwolle, LL 125 m/50 g) in
- Karamell (Fb 35947), 5 g
- Leinen (Fb 27158), 25 g

Variante 2

- Gründl Eco Cotton (100 % Baumwolle, LL 105 m/50 g) in
- Pastell Schlamm (Fb 08), 40 g
- Pastell Gelb (Fb 02), 8 g

Außerdem:

- Häkelnadel 2,5 mm
- Sicherheitsaugen ∅ 7 mm
- Filetgarn in Schwarz und Weiß
- Füllwatte
- Stopfnadel zum Vernähen
- Maschenmarkierer

BEINE

(2 x in Leinen oder Pastell Schlamm)

Häkle in Spiral-Rd. Nur die Füße mit Füllwatte ausstopfen.

1. Rd: 6 fM in einen Fadenring häkeln. [6]
2. Rd: 6 x 1 M zun. [12]
3. Rd: *5 fM, 1 M zun*, von * bis * noch 1 x wdh. [14]
4. Rd: *6 fM, 1 M zun*, von * bis * noch 1 x wdh. [16]

5.–8. Rd: 16 fM.
9. Rd: 4 fM, 4 x 1 M abn, 4 fM. [12]
10. Rd: 4 fM, 2 x 1 M abn, 4 fM. [10]

11.–16. Rd: 10 fM.

Das Ende falten und mit 5 fM zusammenhäkeln. Die Faltkante liegt dabei seitlich. Den Faden abschneiden und vernähen.

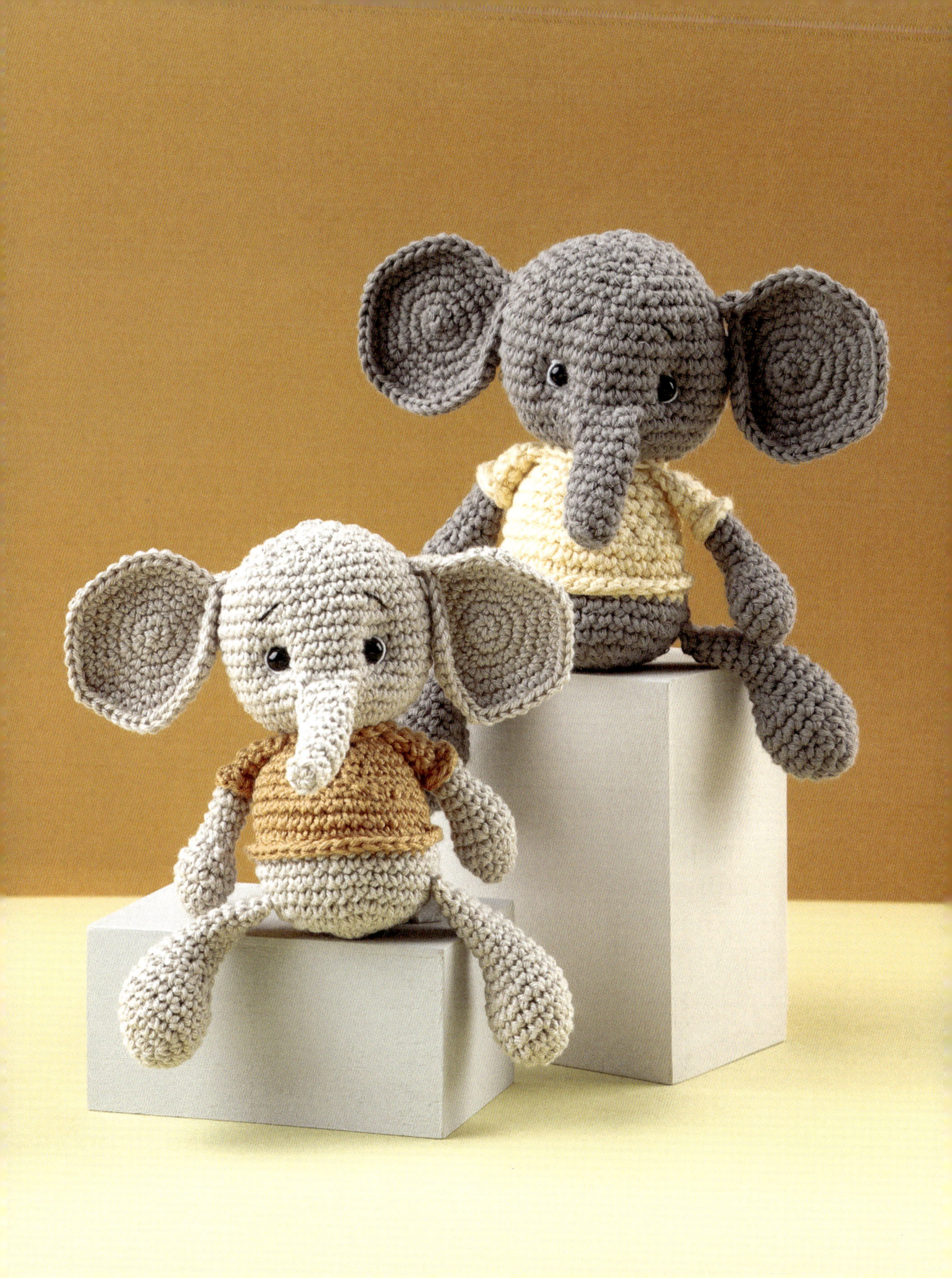

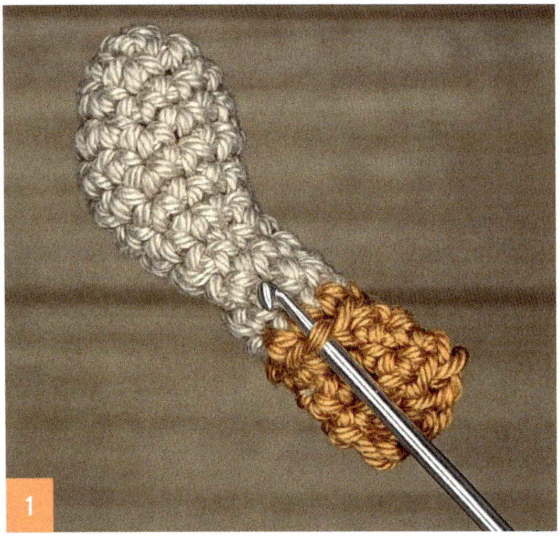

1

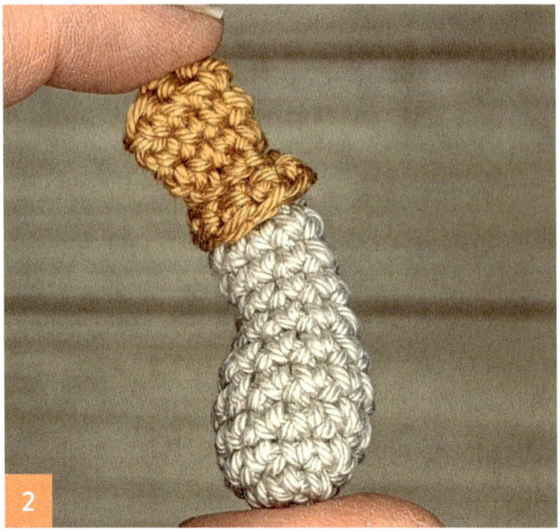

2

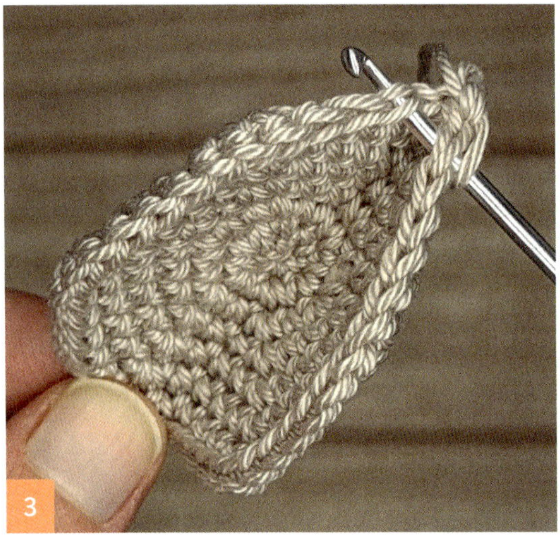

3

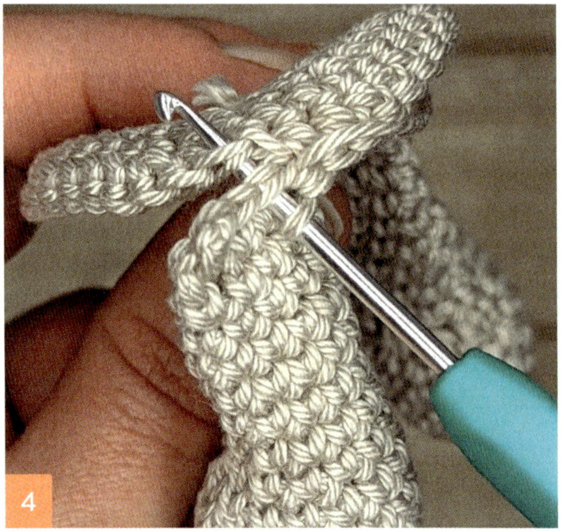

4

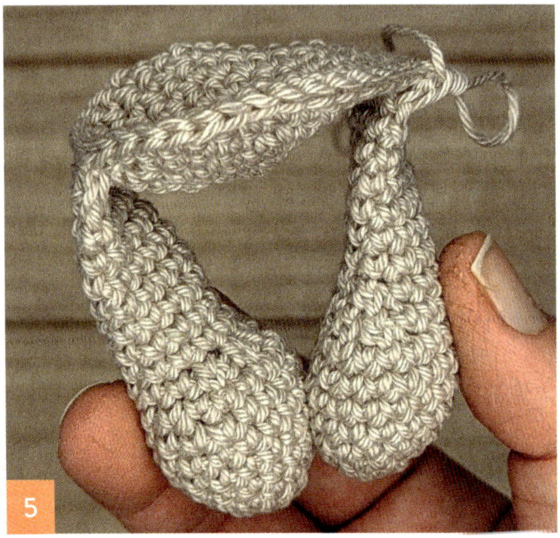

5

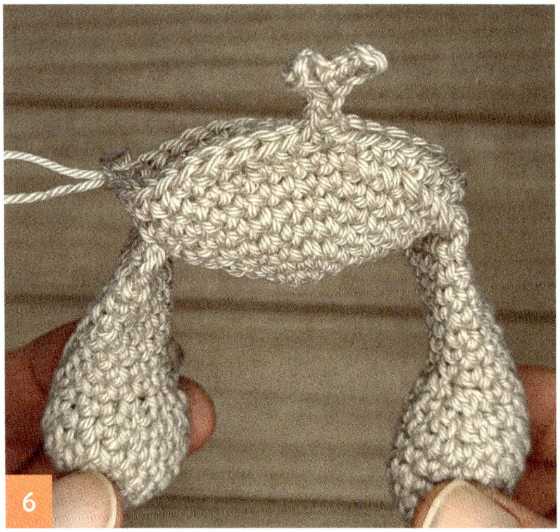

6

ARME

(2 x in Leinen und Karamell oder Pastell Schlamm und Pastell Gelb)

Häkle in Spiral-Rd. Beginne in Leinen oder Pastell Schlamm. Nur die Fäuste mit Füllwatte ausstopfen.

1. Rd: 6 fM in einen Fadenring häkeln. [6]
2. Rd: *1 fM, 1 M zun*, von * bis * noch 2 x wdh. [9]
3. Rd: *2 fM, 1 M zun*, von * bis * noch 2 x wdh. [12]
4.–5. Rd: 12 fM.
6. Rd: 4 fM, 2 x 1 M abn, 4 fM. [10]
7. Rd: 3 fM, 2 x 1 M abn, 3 fM. [8]
8.–10. Rd: 8 fM.

Fb-Wechsel zu Karamell oder Pastell Gelb.

11. Rd: 8 fM.
12. Rd: 8 fM ihM.
13.–14. Rd: 8 fM.

Das Ende falten und mit 4 fM zusammenhäkeln. Die Faltkante liegt dabei seitlich. Den Faden abschneiden und vernähen. Anschließend den Faden in der Pulloverfarbe ivM aus der 12. Rd wieder aufnehmen, von oben nach unten einstechen und 8 fM häkeln. **(Bild 1 & 2)** Den Faden abschneiden und vernähen.

OHREN

(2 x in Leinen oder Pastell Schlamm)

Häkle in Spiral-Rd.

1. Rd: 6 fM in einen Fadenring häkeln. [6]
2. Rd: 6 x 1 M zun. [12]
3. Rd: *1 fM, 1 M zun*, von * bis * noch 5 x wdh. [18]
4. Rd: *2 fM, 1 M zun*, von * bis * noch 5 x wdh. [24]
5. Rd: *3 fM, 1 M zun*, von * bis * noch 5 x wdh. [30]
6. Rd: *4 fM, 1 M zun*, von * bis * noch 5 x wdh. [36]
7. Rd: *5 fM, 1 M zun*, von * bis * noch 5 x wdh. [42]

Das Ende falten und 2 der gegenüberliegenden fM mit 2 fM zusammenhäkeln. **(Bild 3)** Den Faden abschneiden und vernähen.

RÜSSEL

(in Leinen oder Pastell Schlamm)

Häkle in Spiral-Rd. Den Rüssel nur locker mit Füllwatte ausstopfen.

1. Rd: 8 fM in einen Fadenring häkeln. [8]
2. Rd: 8 fM ihM.
3.–8. Rd: 8 fM.

Das Ende falten und mit 4 fM zusammenhäkeln. Den Faden abschneiden und vernähen.

KÖRPER

(in Leinen und Karamell oder Pastell Schlamm und Pastell Gelb)

Häkle in Spiral-Rd. Beginne in Leinen oder Pastell Schlamm. Den Körper fortlaufend mit Füllwatte ausstopfen.

1. Rd: 6 fM in einen Fadenring häkeln. [6]
2. Rd: 6 x 1 M zun. [12]
3. Rd: *1 fM, 1 M zun*, von * bis * noch 5 x wdh. [18]
4. Rd: *2 fM, 1 M zun*, von * bis * noch 5 x wdh. [24]
5. Rd: *3 fM, 1 M zun*, von * bis * noch 5 x wdh. [30]
6. Rd: *4 fM, 1 M zun*, von * bis * noch 5 x wdh. [36]
7. Rd: *13 fM, 5 fM durch Bein und Körper*, von * bis * noch 1 x wdh. [36] **(Bild 4 & 5)**

In der folgenden Rd entsteht der Schwanz.

8. Rd: 24 fM, 7 Lm, in die 2. Lm einstechen und 3 km entlang der Lm-Kette,
4 Lm, in die 2. Lm von der Nd aus einstechen und 3 km entlang der Lm-Kette, von * bis * noch 1 x wdh, 3 Km entlang der ersten Lm-

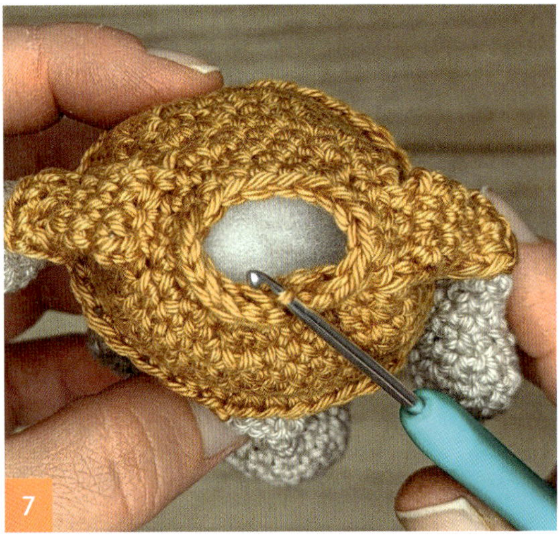

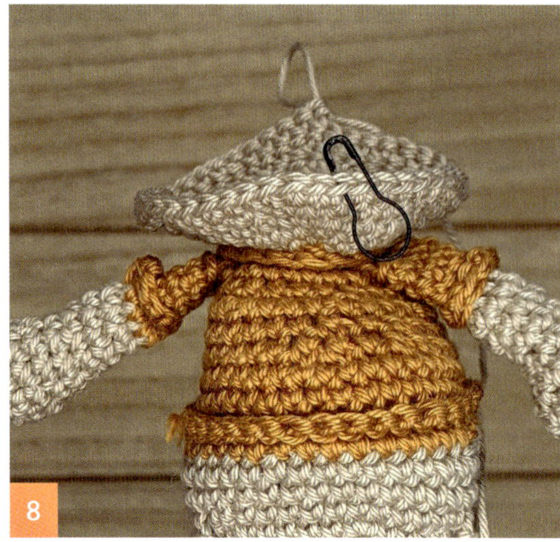

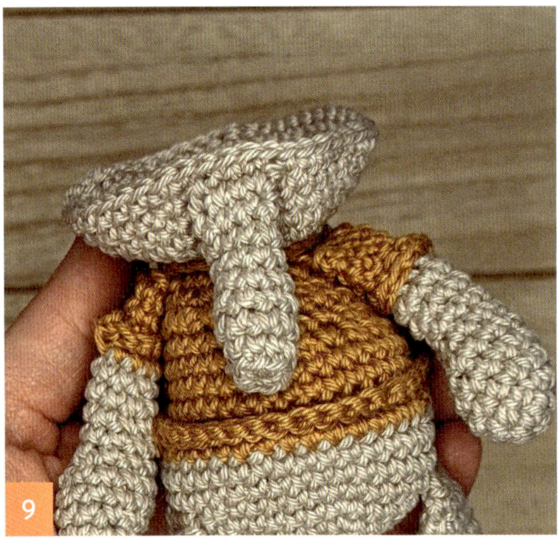

Kette zurück zum Körper, 1 fM direkt unter die Lm-Kette, 11 fM am Körper entlang. [36] **(Bild 6)**

9. Rd: 36 fM.

Fb-Wechsel Karamell oder Pastell Gelb.

10. Rd: 36 fM.

11. Rd: 36 fM ihM.

12.–13. Rd: 36 fM.

14. Rd: 2 fM, 2 x 1 M abn, 1 fM, 2 x 1 M abn, 25 fM. [32]

15. Rd: 2 fM, 1 x 1 M abn, 1 fM, 1 x 1 M abn, 25 fM. [30]

16. Rd: 30 fM.

17. Rd: *3 fM, 1 M abn*, von * bis * noch 5 x wdh. [24]

18. Rd: *4 fM durch Arm und Körper, 8 fM*, von * bis * noch 1 x wdh. [24]

19. Rd: *2 fM, 1 M abn*, von * bis * noch 5 x wdh. [18]

20. Rd: 18 fM ivM.

Den Faden abschneiden und vernähen. IvM aus der 11. Rd von oben nach unten einstechen, den Faden in der Pulloverfarbe wieder aufnehmen und 36 fM häkeln. Faden abschneiden und vernähen.

KOPF

(in Leinen oder Pastellschlamm)

Häkle in Spiral-Rd. Den Faden ihM aus Rd 20 des Körpers wieder aufnehmen. Beginne hinten mittig. Von unten nach oben einstechen und wie folgt häkeln **(Bild 7)**:

1. Rd: 18 x 1 M zun. [36]

2. Rd: 36 fM.

3. Rd: *5 fM, 1 M zun*, von * bis * noch 5 x wdh. [42]

4. Rd: *6 fM, 1 M zun*, von * bis * noch 5 x wdh. [48]

5. Rd: 48 fM.

Zähle nun von der Mitte vorne 2 fM nach rechts und markiere diese M mit einem MM. **(Bild 8)**
6. Rd: 26 fM bis zur Markierung häkeln, 4 fM durch Rüssel und Kopf, 18 fM. [48] **(Bild 6)**
7.–10. Rd: 48 fM.
11. Rd: *6 fM, 1 M abn*, von * bis * noch 5 x wdh. [42]
Die Augen 1 Rd über dem Rüssel mit 6 fM Abstand befestigen. Nun 1 M mittig über den Armen markieren, um die Position der Ohren zu finden.

12. Rd: 14 fM bis zur Markierung häkeln, 2 fM durch Ohr und Kopf, 20 fM bis zur nächsten Markierung häkeln, 2 fM durch Ohr und Kopf, 4 fM. [42]
13. Rd: *5 fM, 1 M abn*, von * bis * noch 5 x wdh. [36]
14. Rd: *4 fM, 1 M abn*, von * bis * noch 5 x wdh. [30]
15. Rd: *3 fM, 1 M abn*, von * bis * noch 5 x wdh. [24]
16. Rd: *2 fM, 1 M abn*, von * bis * noch 5 x wdh. [18]

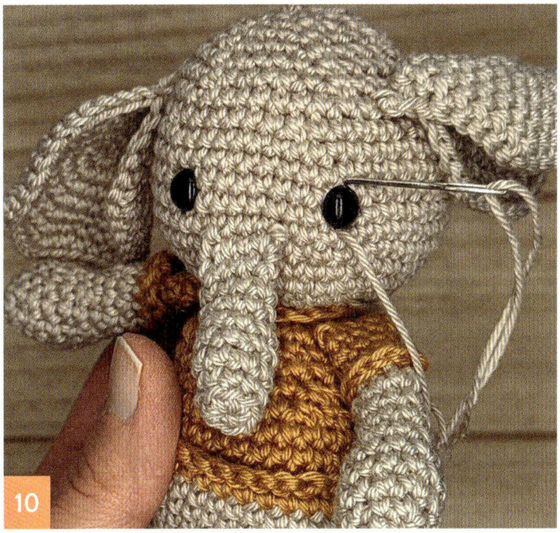
10

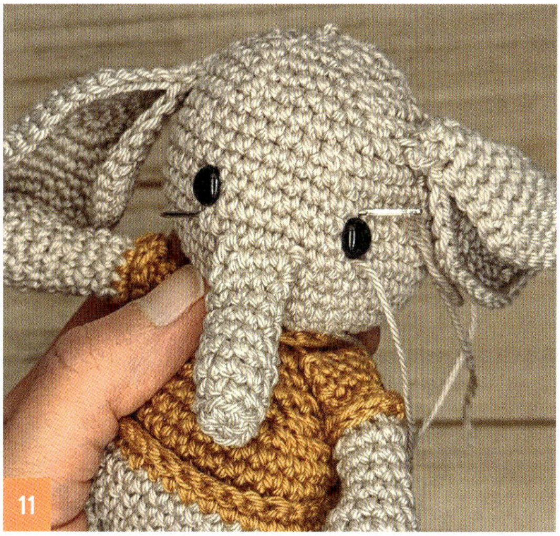
11

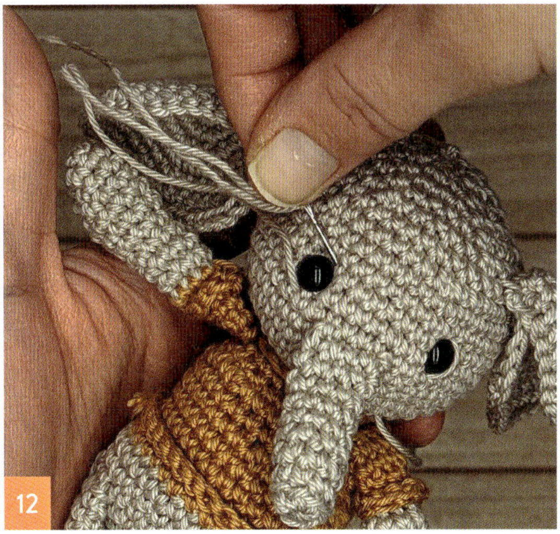
12

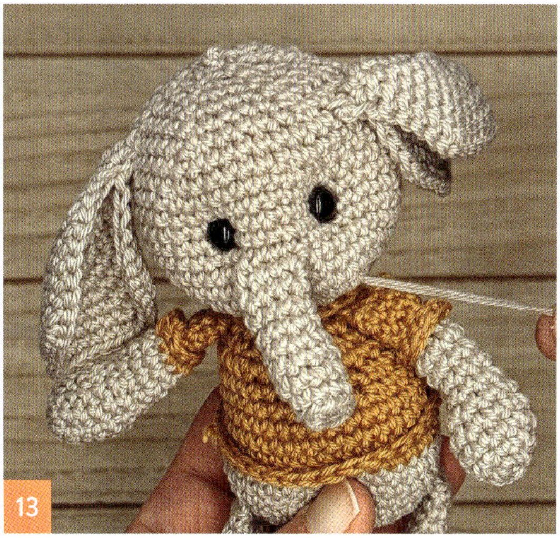
13

17. Rd: *1 fM, 1 M abn*, von * bis * noch 5x wdh. [12]
18. Rd: 6x1 M abn. [6]
Faden abschneiden, durch alle vorderen M-Glieder fädeln, festziehen und vernähen.

DETAILS GESICHT

Vertiefe zunächst die Augen. Schneide dazu einen Faden in der Körperfarbe ab. Stich anschließend unterhalb des Kopfes ein und komme rechts unter dem ersten Auge wieder heraus. Anschließend oberhalb des Auges wieder einstechen und unterhalb des zweiten Auges wieder herauskommen. Wieder oberhalb des Auges einstechen und den Faden zu deiner ersten Einstichstelle fädeln. Ziehe nun an dem Faden und vertiefe so die Augen. Anschließend die Fäden verknoten und im Kopf vernähen. Danach das Augenweiß in weißem Filetgarn direkt neben den Augen aufsticken. Die Augenbrauen in Schwarz 2 Rd über den Augen über 1 Rd hoch und 2 fM breit sticken. **(Bild 10–13)**

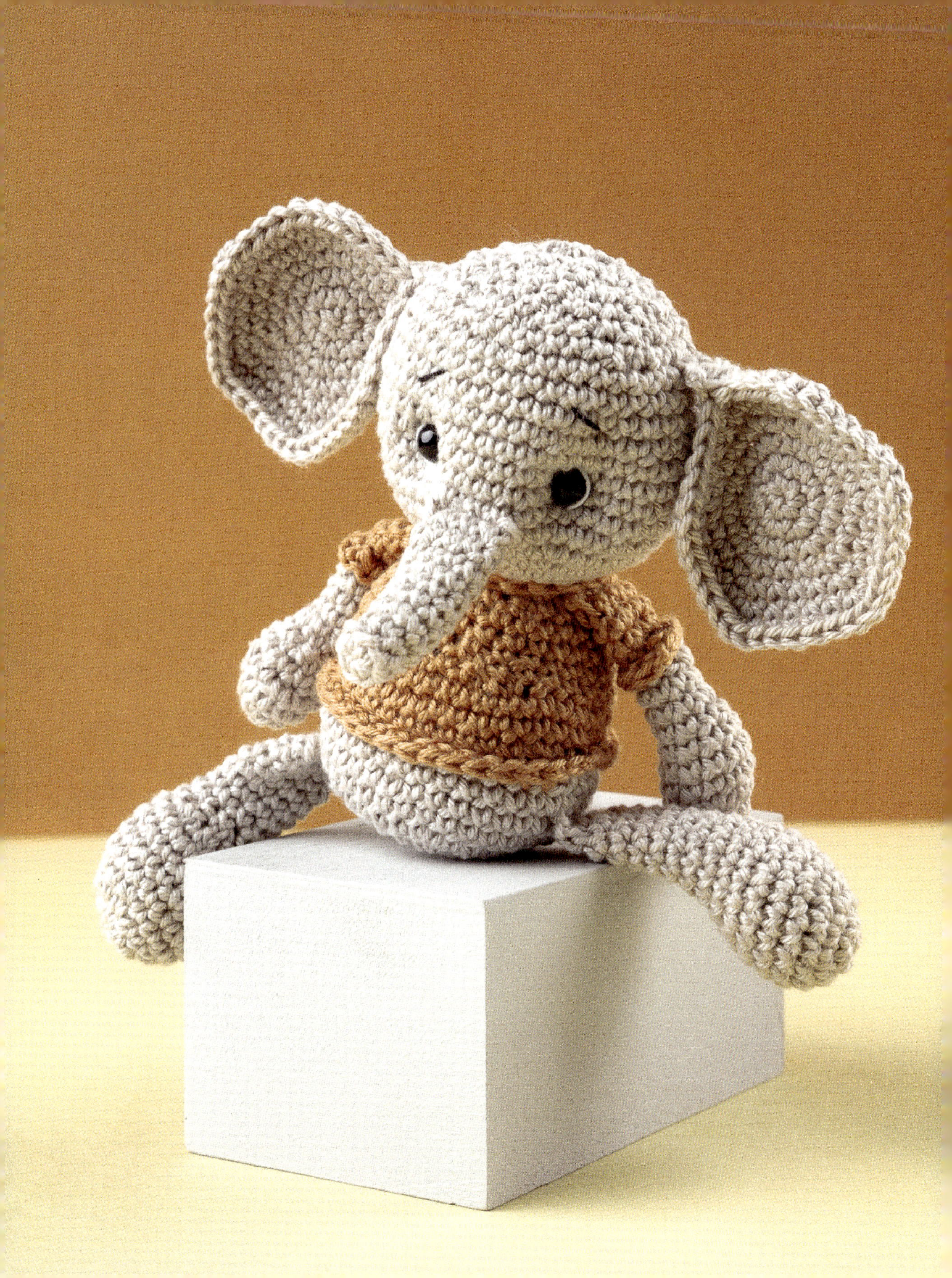

Gustavo, der Gänserich

Sein Leben auf einem Bauernhof verbringen? Das wollte Gustavo nicht, er hatte andere Pläne. So ging er schon früh los und eröffnete eine kleine Bäckerei in der Nähe von Paris. Heute könnte er glücklicher kaum sein!

Größe 20 cm

Material

Variante 1

- Schachenmayr Catania (100 % Baumwolle, LL 125 m/50 g) in
- Camel (Fb 179), 25 g
- Sonne (Fb 208), 10 g
- Serenity (Fb 180), 6 g

Variante 2

- Scheepjes Catona (100 % Baumwolle, LL 125m/50 g) in
- Old Lace (Fb 130), 25 g
- Saffron (Fb 249), 10 g
- Brick Red (Fb 504), 6 g

Außerdem:

- Häkelnadel 2,5 mm
- Sicherheitsaugen Ø 7 mm
- Filetgarn in Schwarz und Weiß
- Füllwatte
- Stopfnadel zum Vernähen

FÜSSE

(2 x in Saffron oder Sonne)

Häkle in Spiral-Rd. Die Füße nicht mit Füllwatte ausstopfen.

9 Lm anschlagen, in die 2. Lm von der Nd aus einstechen und wie folgt um die Lm-Kette herumhäkeln:

1. Rd: 7 fM, 3 fM in 1 M, 6 fM, 1 M zun. [18]

2.–5. Rd: 18 fM.

6. Rd: *7 fM, 1 M abn*, von * bis * noch 1 x wdh. [16]

7. Rd: *6 fM, 1 M abn*, von * bis * noch 1 x wdh. [14]

8. Rd: *5 fM, 1 M abn*, von * bis * noch 1 x wdh. [12]

9. Rd: 8 fM, 3 Lm, 3 fM überspringen, 1 fM. [12] **(Bild 1)**

10. Rd: 12 fM.

11. Rd: 6 x 1 M abn. [6]

Faden abschneiden, durch alle vorderen M-Glieder fädeln, festziehen und vernähen.

FLÜGEL

(2 x in Old Lace oder Camel)

Häkle in Spiral-Rd. Die Flügel nicht mit

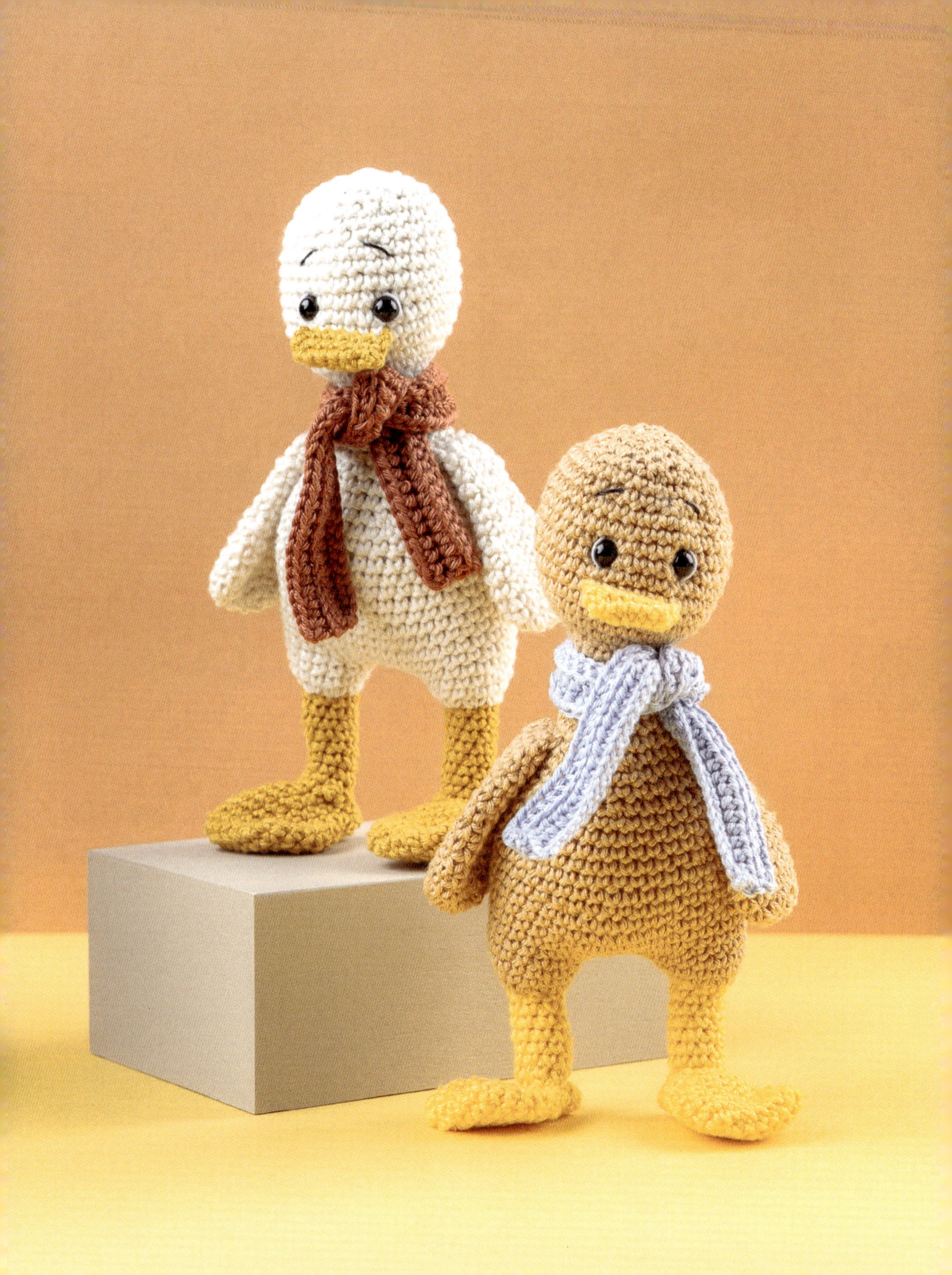

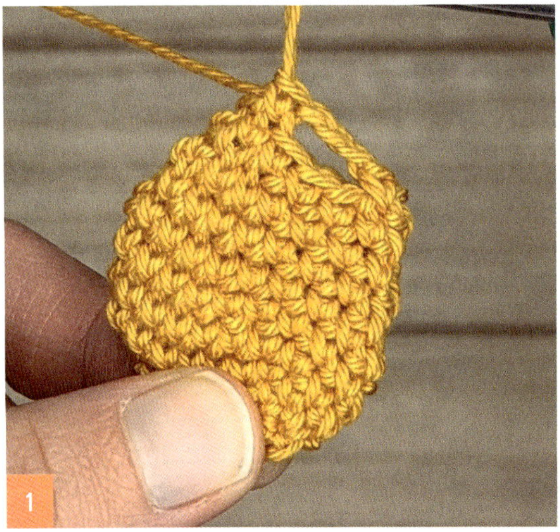
1

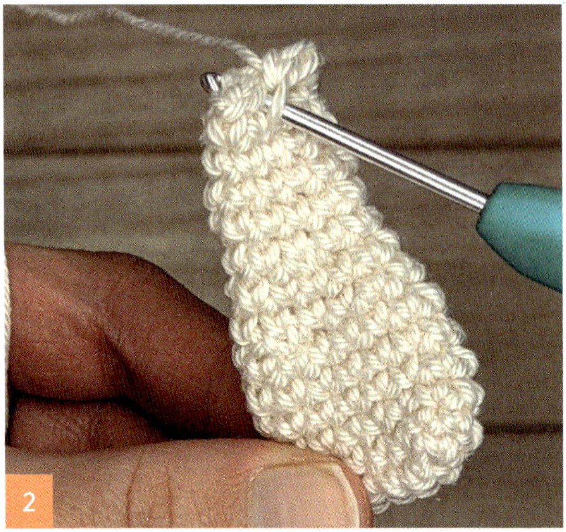
2

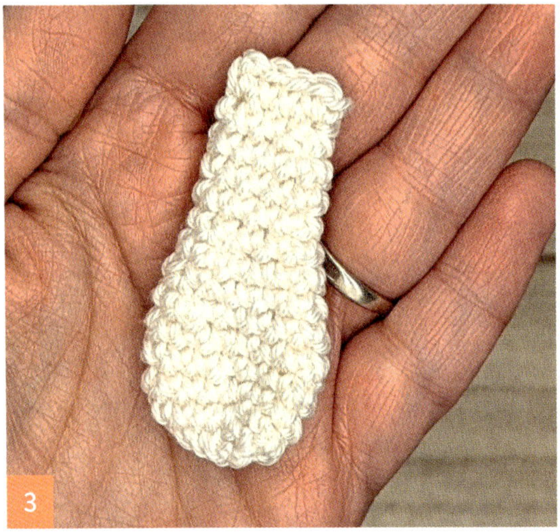
3

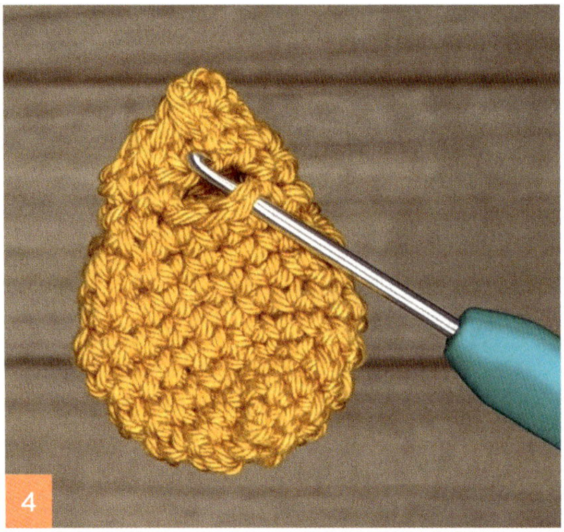
4

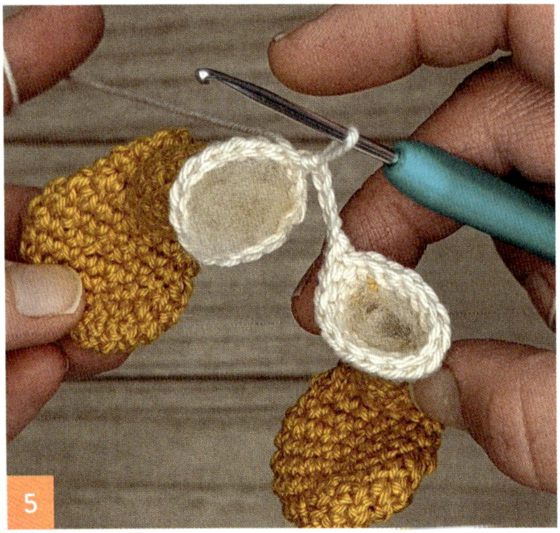
5

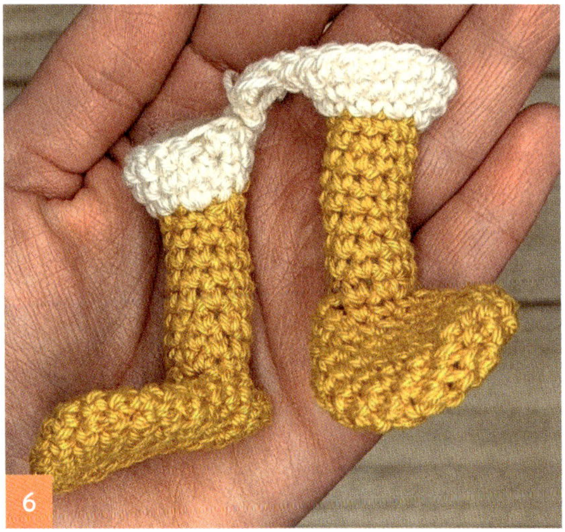
6

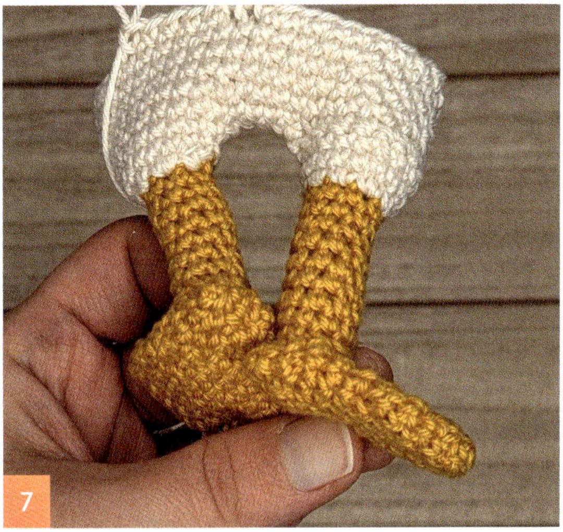
7

Füllwatte ausstopfen.
7 Lm anschlagen, in die 2. Lm von der Nd aus einstechen und wie folgt um die Lm-Kette herumhäkeln:
1. Rd: 5 fM, 3 fM in 1 M, 4 fM, 1 M zun. [14]
2.–6. Rd: 14 fM.
7. Rd: *5 fM, 1 M abn*, von * bis * noch 1x wdh. [12]
8. Rd: 12 fM.
9. Rd: *4 fM, 1 M abn*, von * bis * noch 1x wdh. [10]
10.–12. Rd: 10 fM.
13. Rd: *3 fM, 1 M abn*, von * bis * noch 1x wdh. [8]
14. Rd: 8 fM.
Das Ende falten und mit 4 fM zusammenhäkeln. Den Faden abschneiden und vernähen. **(Bild 2 & 3)**

SCHNABEL

(in Saffron oder Sonne)
Häkle in Spiral-Rd. Den Schnabel nicht mit Füllwatte ausstopfen.
7 Lm anschlagen, in die 2. Lm von der Nd aus einstechen und wie folgt um die Lm-Kette herumhäkeln:
1. Rd: 5 fM, 3 fM in 1 M, 4 fM, 1 M zun. [14]
2. Rd: *5 fM, 1 M abn*, von * bis * noch 1x wdh. [12]
Häkle 1 weitere fM. Das Ende falten und mit 6 fM zusammenhäkeln. Den Faden abschneiden und vernähen.

BEINE

(2x in Saffron und Old Lace oder Sonne und Camel)
Häkle in Spiral-Rd. Die Beine fortlaufend mit Füllwatte ausstopfen.
Den Faden seitlich an der Öffnung des Fußes in der Hauptfarbe wieder aufnehmen **(Bild 4)**, wie folgt rundherum häkeln:
1.–9. Rd: 8 fM.
Fb-Wechsel zu Old Lace oder Camel.
10. Rd: 8x 1 M zun. [16]
11. Rd: 16 fM.
Das erste Bein abketten und den Faden vernähen. Ein zweites Bein häkeln, jedoch nicht abketten. Es geht gleich mit dem Körper weiter.

KÖRPER UND KOPF

(in Old Lace oder Camel)
Häkle in Spiral-Rd. Den Körper fortlaufend mit Füllwatte ausstopfen.
5 Lm an das zweite Bein häkeln, in das erste Bein einstechen. Die Beine zeigen dabei leicht nach außen **(Bild 5)**, wie folgt weiterhäkeln:
1. Rd: 16 fM um das 1. Bein, 5 fM in die Lm-Kette, 16 fM um das zweite Bein, 5 fM in die Lm-Kette. [42] **(Bild 6)**
2.–6. Rd: 42 fM.
7. Rd: 18 fM, 1 M abn, 19 fM, 1 M abn, 1 fM. [40]
In der folgenden Rd entsteht der Schwanz mittig am Rücken.
8. Rd: 14 fM, *5 Lm, in die 2. Lm von der Nd aus einstechen, 4 hStb entlang der Lm-Kette,

1 fM direkt unterhalb der Lm-Kette*, von * bis * noch 1x wdh, 25 fM häkeln. [40] **(Bild 7)**
9. Rd: 40 fM. [40]
10. Rd: *8 fM, 1 M abn*, von * bis * noch 3x wdh. [36]
11.–13. Rd: 36 fM.
14. Rd: *4 fM, 1 M abn*, von * bis * noch 5x wdh. [30]
15.–16. Rd: 30 fM.
17. Rd: *3 fM, 1 M abn*, von * bis * noch 5x wdh. [24]
18. Rd: *8 fM, 4 fM durch Flügel und Körper*, von * bis * noch 1x wdh. [24] **(Bild 8–9)**
Darauf achten, dass die Flügel parallel zu den Beinen liegen.
19. Rd: *2 fM, 1 M abn*, von * bis * noch 5x wdh. [18]
20.–21. Rd: 18 fM.
22. Rd: *7 fM, 1 M abn*, von * bis * noch 1x wdh. [16]
23.–25. Rd: 18 fM.
26. Rd: 16x 1 M zun. [32]
27. Rd: *7 fM, 1 M zun*, von * bis * noch 3x wdh. [36]
28.–29. Rd: 36 fM.
Nun 6 fM mittig am Kopf markieren, um die Position für den Schnabel zu finden.
30. Rd: 2 fM bis zur 1. Markierung, 6 fM durch Schnabel und Kopf, 28 fM. [36]
31.–35. Rd: 36 fM.
Befestige die Augen 1 Rd über dem Schnabel mit 4 fM Abstand zwischen den Augen.
36. Rd: *4 fM, 1 M abn*, von * bis * noch 5x wdh. [30]
37. Rd: 30 fM.
38. Rd: *3 fM, 1 M abn*, von * bis * noch 5x wdh. [24]
39. Rd: *2 fM, 1 M abn*, von * bis * noch 5x wdh. [18]
40. Rd: *1 fM, 1 M abn*, von * bis * noch 5x wdh. [12]
41. Rd: 6x 1 M abn. [6]
Faden abschneiden, durch alle vorderen M-Glieder fädeln, festziehen und vernähen. Das Augenweiß direkt neben dem Auge in weißem Filetgarn aufsticken. Die Augenbrauen in schwarzem Filetgarn 2 Rd über den Augen über 1 Rd hoch und 2 fM breit sticken.

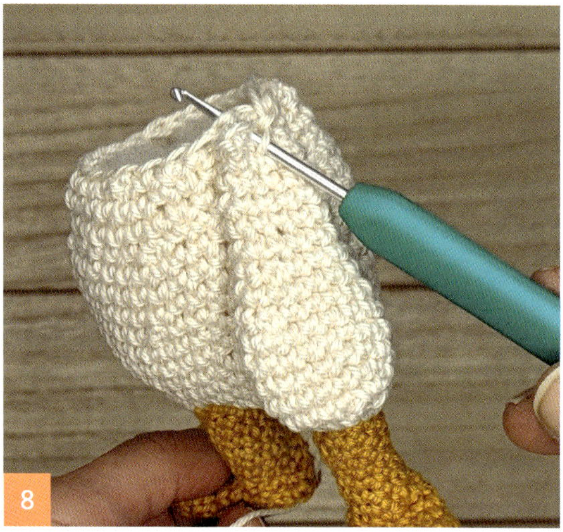
8

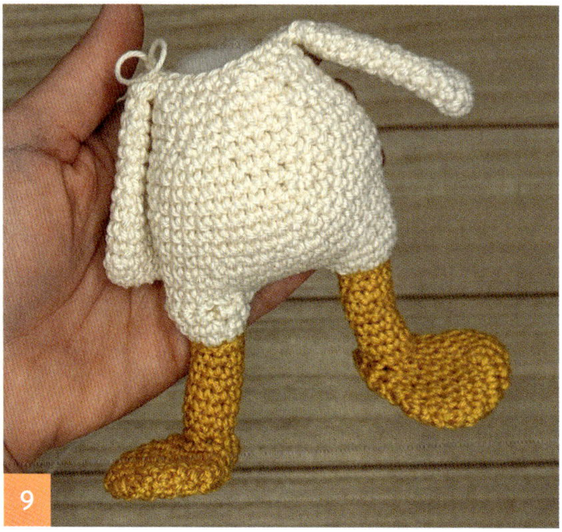
9

SCHAL

(in Brick Red oder Serenity)

Häkle in R.

71 Lm anschlagen, in die 2. Lm von der Nd aus einstechen und wie folgt weiterhäkeln:

1. R: 70 fM, 2 Lm, wenden. [70]
2. R: 70 hStb ihM, 2 Lm, wenden.
3. R: 70 hStb.

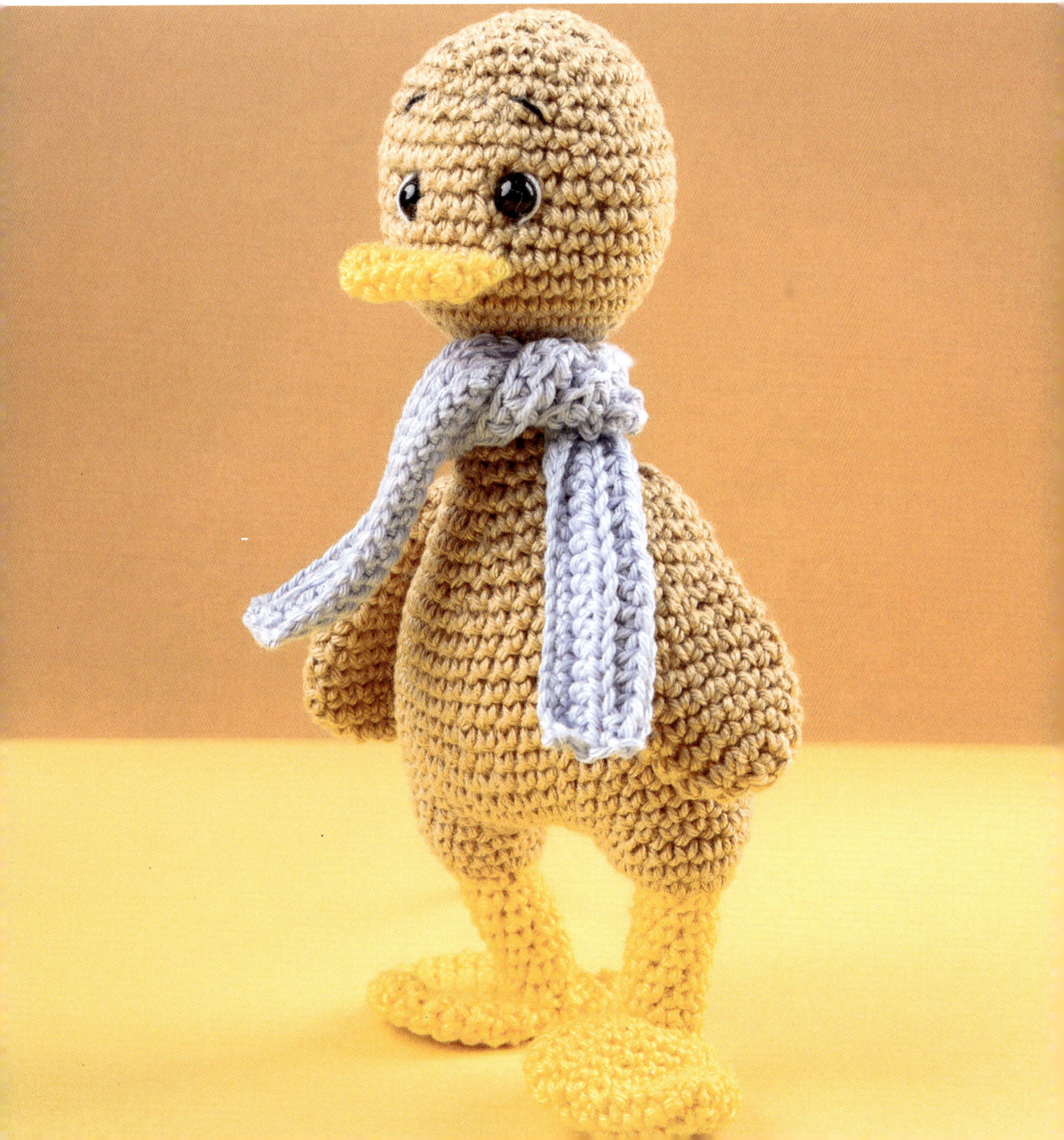

Giselle, die Giraffe

Als Postbotin ihres Heimartortes lernt Giselle viele Tiere kennen. Am liebsten klingelt sie aber bei Robby, dem Reh, denn der hält immer ganz besondere Leckereien für sie bereit.

Größe 18 cm

Material

Variante 1

- Schachenmayr Catania (100 % Baumwolle, LL 125 m/50 g) in
- Honig (Fb 206), 40 g
- Sand (Fb 404), 10 g
- Marone (Fb 157), 30 g
- Camel (Fb 179), ein Rest

Variante 2

- Gründl Cotton Quick uni (100 % Baumwolle, LL 125 m/50 g) in
- Caramell (Fb 123), 10 g
- Sand (Fb 102), 40 g
- Creme (Fb 101), 15 g

Außerdem:

- Häkelnadel 2,5 mm
- Sicherheitsaugen Ø 7 mm
- Filetgarn in Schwarz und Weiß
- Füllwatte
- Stopfnadel zum Vernähen

OHREN

(2 x in Honig oder Sand)

Häkle in Spiral-Rd. Die Ohren nicht mit Füllwatte ausstopfen.

1. Rd: 8 fM in einen Fadenring häkeln. [8]
2. Rd: 3 fM, * 3 fM in eine M *, von * bis * noch 1 x wdh, 3 fM (= 12 M).
3. Rd: 5 fM, * 3 fM in eine M *, von * bis * noch 1 x wdh, 5 fM (= 16 M).
4. Rd: 7 fM, * 3 fM in eine M *, von * bis * noch 1 x wdh, 7 fM (= 20 M).

Das Ende falten und 2 der gegenüberliegenden fM mit 2 fM zusammenhäkeln. **(Bild 1)** Den Faden abschneiden und vernähen.

HÖRNER

(2 x in Marone und Honig oder Creme und Sand)

Häkle in Spiral-Rd. Beginne in Marone oder Creme. Die Hörner fortlaufend mit Füllwatte ausstopfen.

1. Rd: 6 fM in einen Fadenring häkeln. [6]
2. Rd: 6 x 1 M zun. [12]
3.–4. Rd: 12 fM.

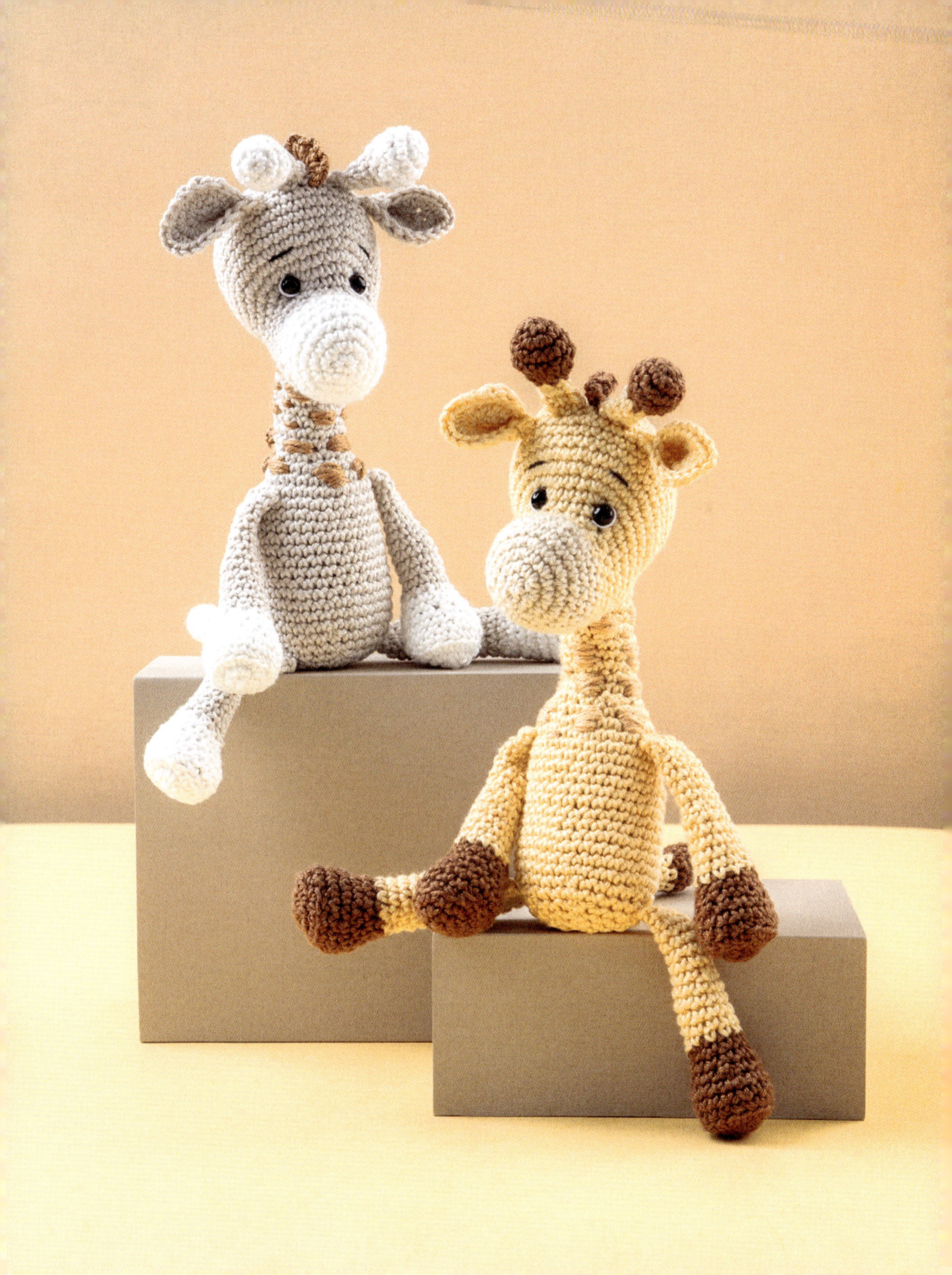

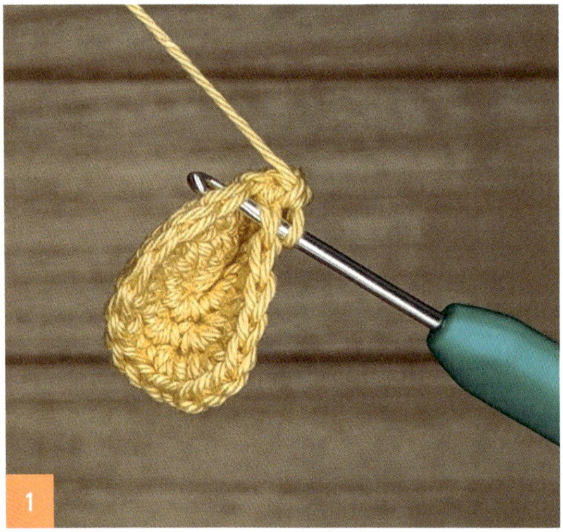

1

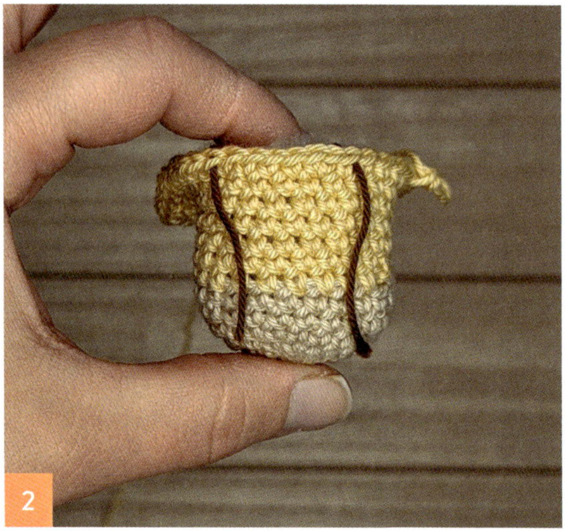

2

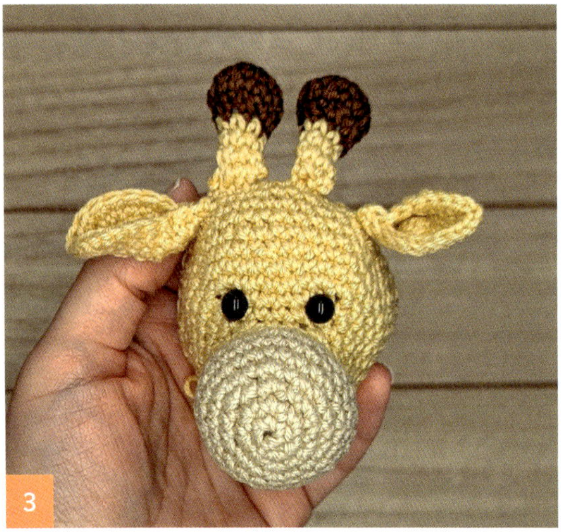

3

5. Rd: 6 x 1 M abn. [6]
Fb-Wechsel zu Honig oder Sand.
6.–8. Rd: 6 fM.
Das Ende falten und mit 3 fM zusammenhäkeln. Den Faden abschneiden und vernähen.

ARME UND BEINE

(4 x in Marone und Honig oder Creme und Sand)

Häkle in Spiral-Rd. Beginne in Marone oder Creme. Die Arme und Beine nur bis zur Hälfte mit Füllwatte ausstopfen.

1. Rd: 6 fM in einen Fadenring häkeln. [6]
2. Rd: 6 x 1 M zun. [12]
3. Rd: *2 fM, 1 M zun*, von * bis * noch 3 x wdh. [16]
4. Rd: 16 fM ihM.
5.–6. Rd: 16 fM.
7. Rd: *2 fM, 1 M abn*, von * bis * noch 3 x wdh. [12]
8.–9. Rd: 12 fM.
Fb-Wechsel zu Honig oder Sand.
10. Rd: *4 fM, 1 M abn*, von * bis * noch 1 x wdh. [10]
11.–15. Rd: 10 fM.
16. Rd: *3 fM, 1 M abn*, von * bis * noch 1 x wdh. [8]
17.–22. Rd: 8 fM.
Das Ende falten und mit 4 fM zusammenhäkeln. Den Faden abschneiden und vernähen.

SCHWANZ

(in Marone und Honig oder Creme und Sand)

Häkle in Spiral-Rd. Beginne in Marone oder Creme. Nur die Spitze mit Füllwatte ausstopfen.

1. Rd: 8 fM in einen Fadenring häkeln. [8]
2.–5. Rd: 8 fM.
Fb-Wechsel zu Honig oder Sand.

6. Rd: *2 fM, 1 M abn*, von * bis * noch 1x wdh. [6]
7.–18. Rd: 6 fM.
Das Ende falten und mit 3 fM zusammenhäkeln. Den Faden abschneiden und vernähen.

KOPF

(in Sand und Honig oder Creme und Sand)
Häkle in Spiral-Rd. Beginne in Sand oder Creme. Den Kopf fortlaufend mit Füllwatte ausstopfen.
1. Rd: 6 fM in einen Fadenring häkeln. [6]
2. Rd: 6x1 M zun. [12]
3. Rd: *1 fM, 1 M zun*, von * bis * noch 5x wdh. [18]
4. Rd: *2 fM, 1 M zun*, von * bis * noch 5x wdh. [24]
5.–7. Rd: 24 fM.
Fb-Wechsel zu Honig oder Sand.
8. Rd: 12 fM, *2x1 M abn, 2 fM*, von * bis * noch 1x wdh. [20]
9. Rd: 20 fM.
10. Rd: 12 fM, *2x1 M zun, 2 fM*, von * bis * noch 1x wdh. [24]
11. Rd: 14 fM, *2x1 M zun, 3 fM*, von * bis * noch 1x wdh. [28]
12. Rd: 16 fM, 2x1 M zun, 4 fM, 2x1 M zun, 4 fM. [32]
13. Rd: 18 fM, *2x1 M zun, 5 fM*, von * bis * noch 1x wdh. [36]
14. Rd: *5 fM, 1 M zun*, von * bis * noch 5x wdh. [42]
Den Kopf umdrehen und unterhalb 8 fM für die Halsöffnung markieren. Der Hals sollte später mittig liegen. **(Bild 2)**
15. Rd: 4 fM bis zur 1. Markierung, 8 Lm, 8 fM überspringen, in die 9. M einstechen, 30 fM. [42]
16.–18. Rd: 42 fM.
Die Augen zwischen der 11. und 12. Rd mit 5 fM Abstand befestigen. Achte darauf, dass die Halsöffnung dabei mittig liegt. Nun den Bereich parallel zu den Augen markieren, um die Position für die Ohren zu finden.
19. Rd: 19 fM bis zur Markierung, 2 fM durch Kante am Ohr und Kopf, 8 fM, 2 fM durch Kante am Ohr und Kopf, 11 fM. [42]
20. Rd: 21 fM, 2 fM durch Horn und Kopf, 2 fM, 2 fM durch Horn und Kopf, 15 fM. [42]. **(Bild 3)**
Tipp: Klappe die Ohren und die Hörner beim Einhäkeln nach unten.
21.–22. Rd: 42 fM.
23. Rd: *5 fM, 1 M abn*, von * bis * noch 5x wdh. [36]
24. Rd: *4 fM, 1 M abn*, von * bis * noch 5x wdh. [30]
25. Rd: *3 fM, 1 M abn*, von * bis * noch 5x wdh. [24]
26. Rd: *2 fM, 1 M abn*, von * bis * noch 5x wdh. [18]
27. Rd: *1 fM, 1 M abn*, von * bis * noch 5x wdh. [12]
28. Rd: 6x1 M abn. [6]
Faden abschneiden, durch alle vorderen M-Glieder fädeln, festziehen und vernähen. Weiter mit dem Körper. Den Kopf mit Füllwatte ausstopfen.

KÖRPER

(in Honig oder Sand)
Häkle in Spiral-Rd. Den Körper fortlaufend mit Füllwatte ausstopfen.
Den Faden seitlich an der Öffnung des Kopfes wieder aufnehmen und wie folgt rundum die Öffnung häkeln: **(Bild 4)**
1.–10. Rd: 18 fM.
11. Rd: *2 fM, 1 M zun*, von * bis * noch 5x wdh. [24]
12. Rd: *3 fM, 1 M zun*, von * bis * noch 5x wdh. [30]
13. Rd: *11 fM, 4 fM durch Arm und Körper*, von * bis * noch 1x wdh. [30] **(Bild 5)**

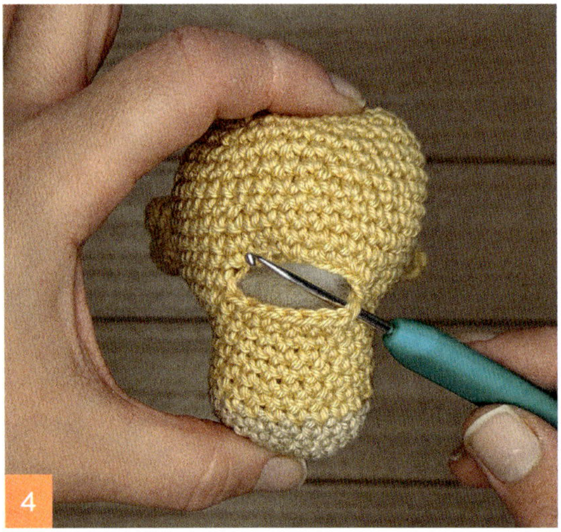

4

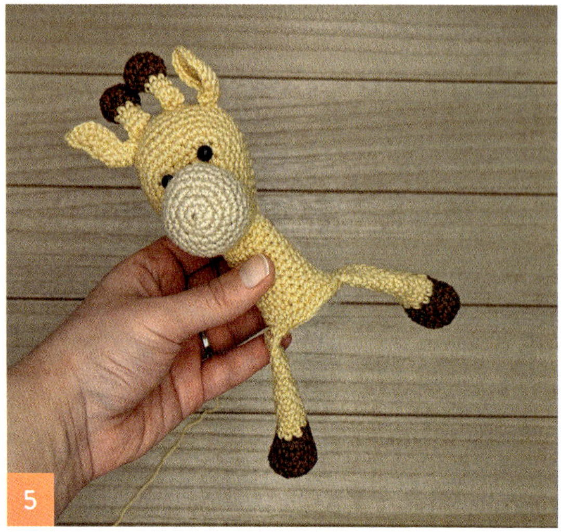

5

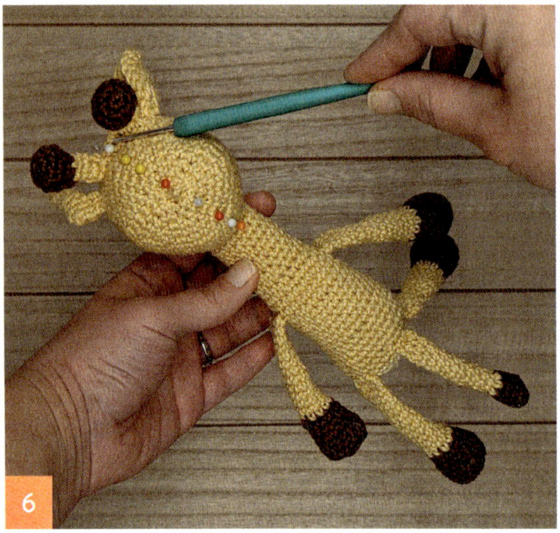

6

14.–21. Rd: 30 fM.
22. Rd: *4 fM, 1 M zun*, von * bis * noch 5 x wdh. [36]
23.–25. Rd: 36 fM.
26. Rd: *4 fM, 1 M abn*, von * bis * noch 5 x wdh. [30]
27. Rd: 4 fM parallel bis zum Arm häkeln, 4 fM durch Bein und Körper, 11 fM parallel bis zum zweiten Arm häkeln, 4 fM durch Bein und Körper, 4 fM, 3 fM durch Schwanz und Körper. [30]
28. Rd: *3 fM, 1 M abn*, von * bis * noch 5 x wdh. [24]
29. Rd: *2 fM, 1 M abn*, von * bis * noch 5 x wdh. [18]
30. Rd: *1 fM, 1 M abn*, von * bis * noch 5 x wdh. [12]
31. Rd: 6 x 1 M abn. [6]
Faden abschneiden, durch alle vorderen M-Glieder fädeln, festziehen und vernähen.

MÄHNE

(in Marone oder Caramell)

Häkle in R. Den Faden zwischen den Hörnern aufnehmen, den Körper dabei seitlich vor dich legen. Häkle nun fM, vom Kopf bis zum Halsende, in einer Linie hinunter.
Tipp: Die Linie für die Mähne kannst du dir vorher mit Stecknadeln markieren. **(Bild 6)**
Am Ende der ersten Linie kommst du ca. auf 35 fM, mehr oder weniger sind jedoch kein Problem. Dies ist die erste R deiner Mähne. Häkle nun 1 Lm und wende deine Arbeit, häkle wie folgt weiter:
2. R: *3 fM in 1 M, 1 Lm*, von * bis * noch 35 x wdh.
Den Faden abschneiden und vernähen. Anschließend die Flecken in Camel oder Caramell über 2 Rd hoch und 2-3 fM breit auf dem

Hals aufsticken. Dazu mehrmals einstechen, bis die gewünschte Form erreicht ist. Das Augenweiß in weißem Filetgarn direkt neben den Augen aufsticken. Die Augenbrauen in schwarzem Filetgarn 2 Rd über den Augen über 2 fM breit aufsticken.

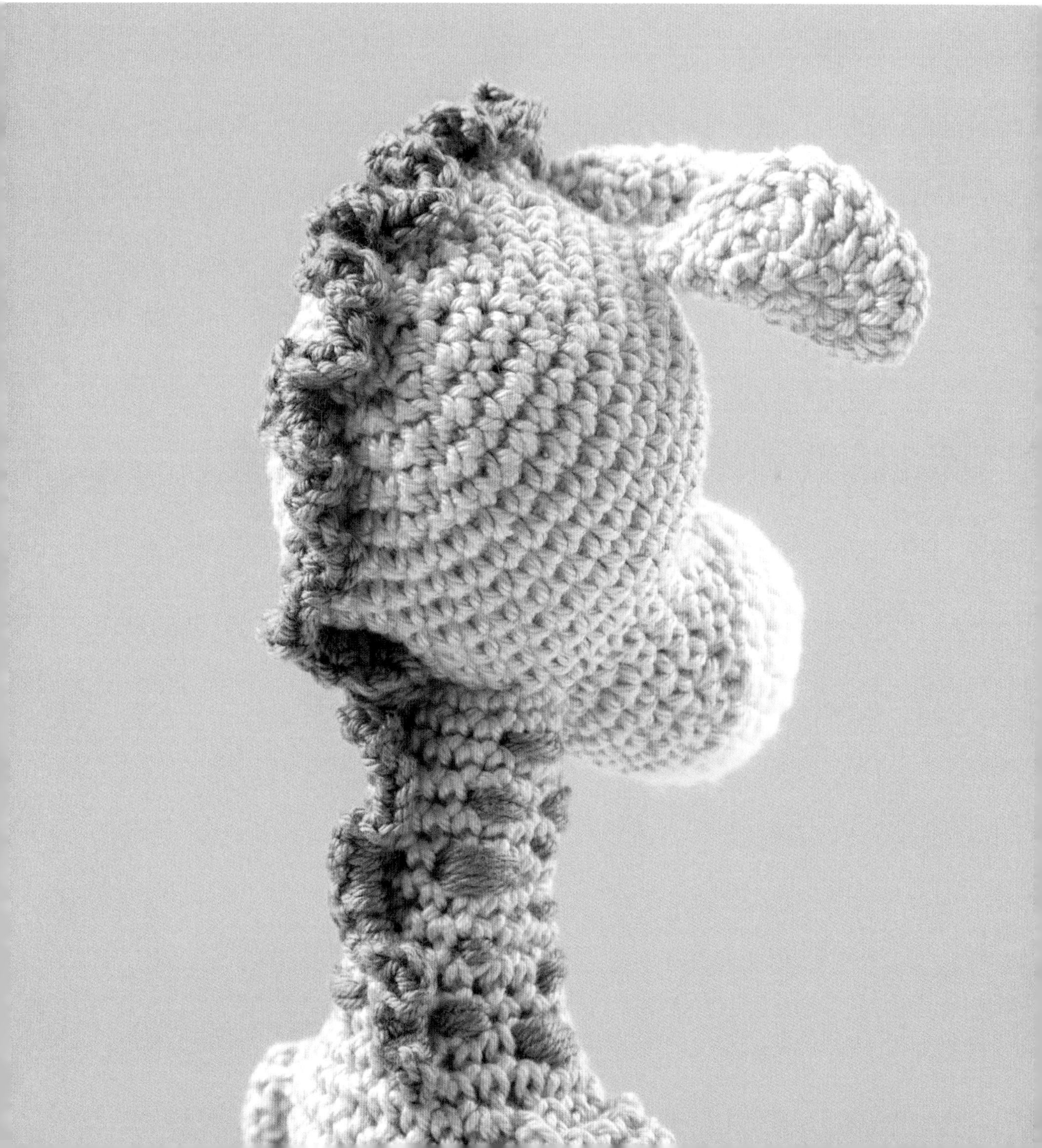

Paco, das Alpaka

Beim Wandern durch die Anden freut sich Paco am meisten auf die Mitte des Weges. Nicht etwa, weil er dann die Hälfte geschafft hat. Paco weiß ziemlich genau, dass ihn dort die leckersten Physalis aller Zeiten erwarten.

Größe 18 cm

Material

Variante 1

- Scheepjes Catona (100 % Baumwolle, LL 125 m/50 g) in
- Old Lace (Fb 130), 40 g
- English Tea (Fb 505), 20 g
- Ginger Gold (Fb 383) 10 g
- Brick Red (Fb 504), 6 g
- Capri Blue (Fb 261), ein Rest

Variante 2

- Gründl Cotton quick uni (100 % Baumwolle, LL 125 m/ 50g) in
- Beige (Fb 139), 40 g
- Sand (Fb 102), 20 g
- Senf (Fb 124), 10 g
- Schokolade (Fb 122), ein Rest
- Creme (Fb 101), ein Rest
- Kirsche (Fb 120), ein Rest

Außerdem:

- Häkelnadel 2,5 mm
- Sicherheitsaugen ∅ 7 mm
- Filetgarn in Schwarz und Weiß
- Füllwatte
- Stopfnadel zum Vernähen

OHREN

(2 x in Old Lace oder Beige)

Häkle in Spiral-Rd. Die Ohren nicht mit Füllwatte ausstopfen.

1. Rd: 6 fM in einen Fadenring häkeln. [6]

2. Rd: *1 fM, 1 M zun*, von * bis * noch 2 x wdh. [9]

3.–5. Rd: 9 fM.

6. Rd: *2 fM, 1 M zun*, von * bis * noch 2 x wdh. [12]

7. Rd: *4 fM, 1 M abn*, von * bis * noch 1 x wdh. [10]

8. Rd: 10 fM.

9. Rd: *3 fM, 1 M abn*, von * bis * noch 1 x wdh. [8]

10. Rd: 4 x 1 M abn. [4]

Das Ohr am Ende falten und zwei der gegenüberliegenden fM mit 2 fM zusammenhäkeln. Den Faden abschneiden und vernähen.

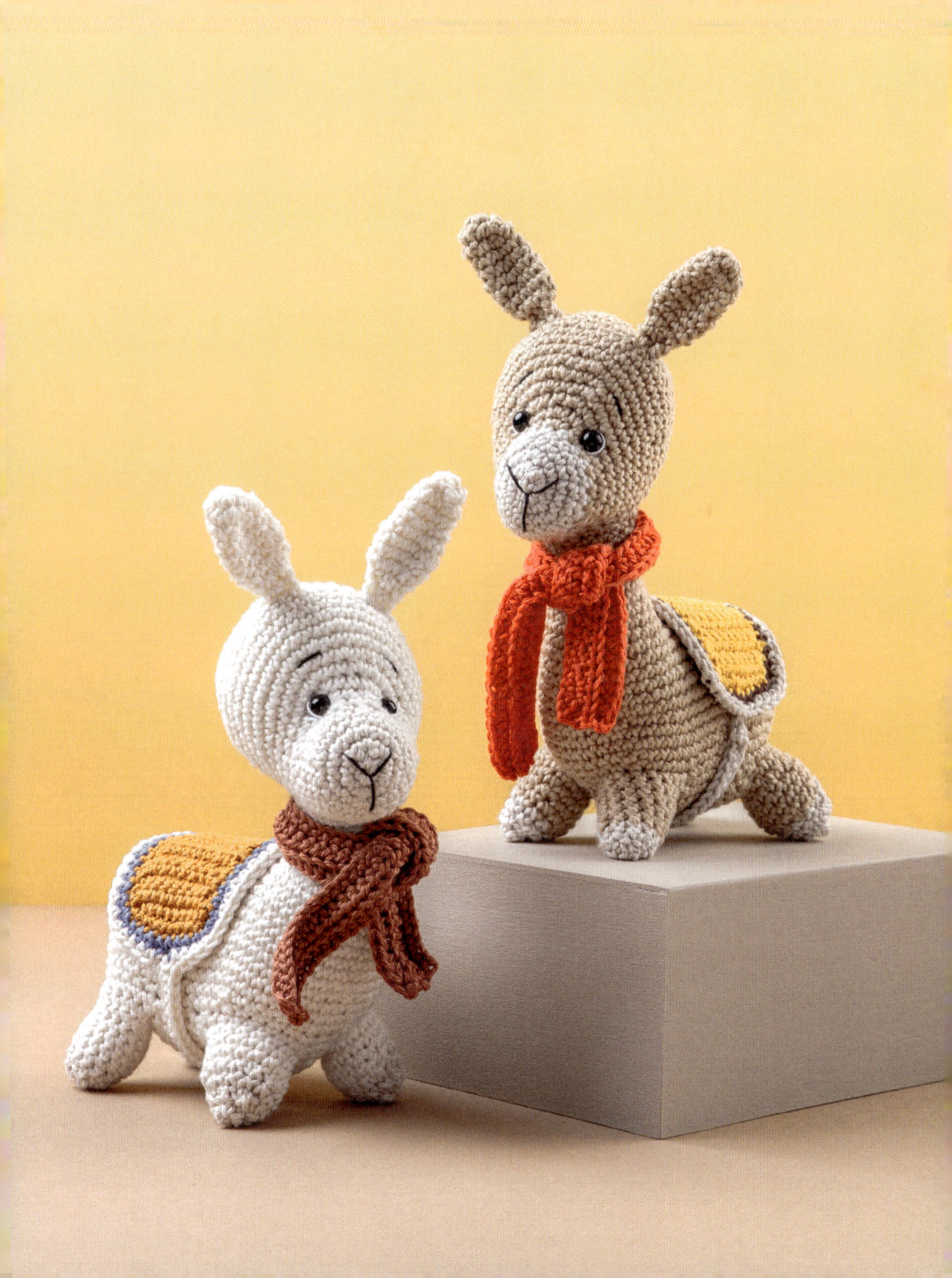

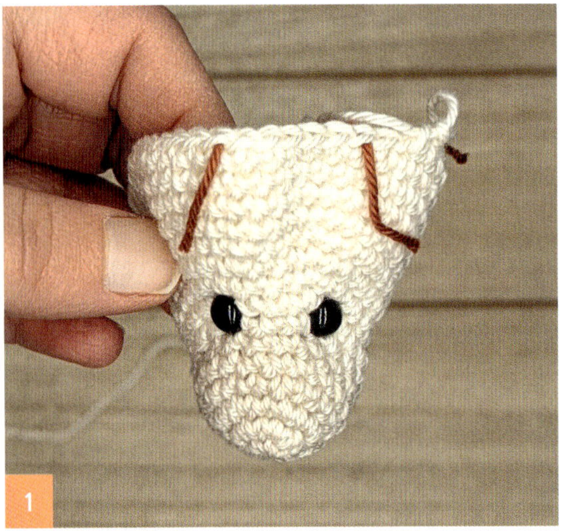
1
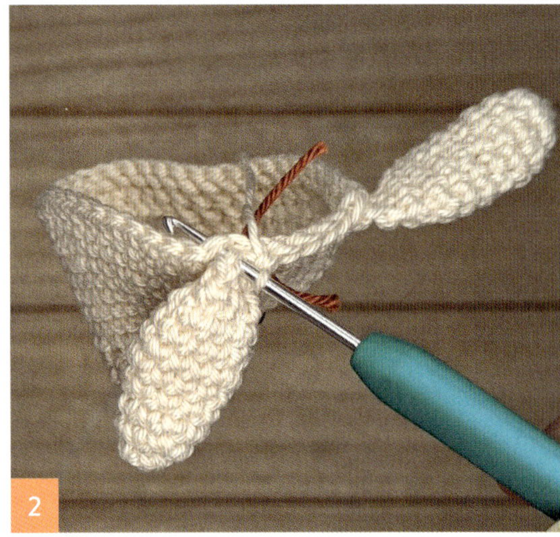
2
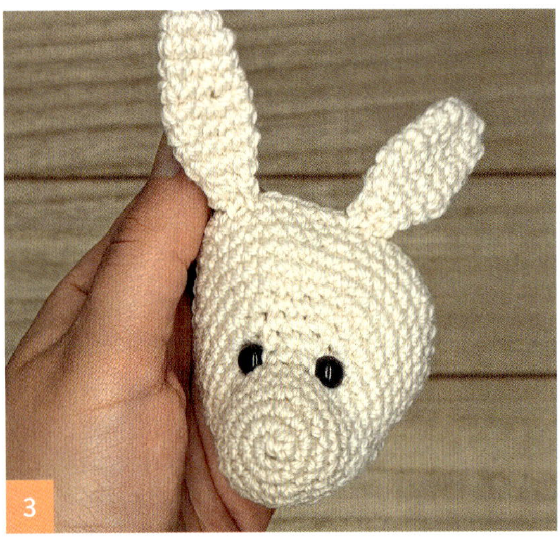
3
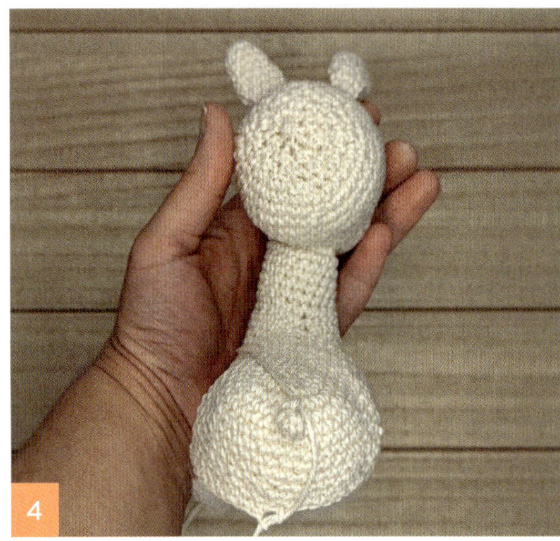
4
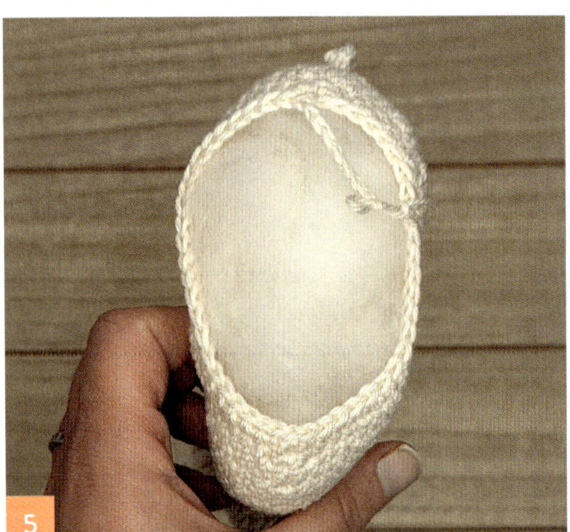
5
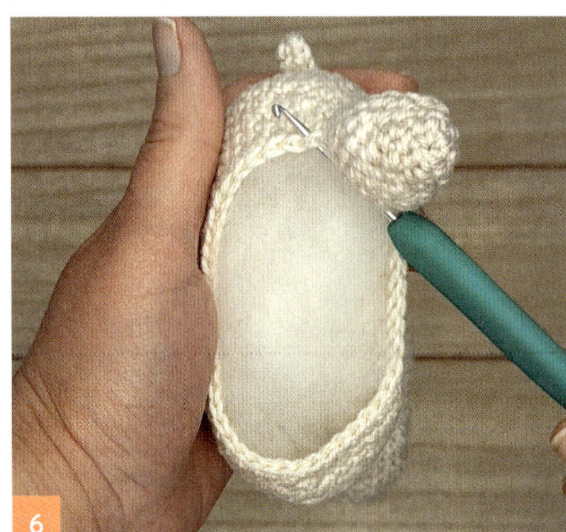
6

KOPF

(in English Tea und Old Lace oder Beige und Sand)

Häkle in Spiral-Rd. Beginne in English Tea oder Sand. Den Kopf fortlaufend mit Füllwatte ausstopfen.

1. Rd: 6 fM in einen Fadenring häkeln. [6]
2. Rd: 6 x 1 M zun. [12]
3. Rd: *1 fM, 1 M zun*, von * bis * noch 5 x wdh. [18]
4.–6. Rd: 18 fM.
Fb-Wechsel zu Old Lace oder Beige.
7. Rd: 6 fM, 2 x 1 M zun, 2 fM, 2 x 1 M zun, 6 fM. [22]
8. Rd: 8 fM, 2 x 1 M zun, 2 fM, 2 x 1 M zun, 8 fM. [26]
9. Rd: 10 fM, 2 x 1 M zun, 2 fM, 2 x 1 M zun, 10 fM. [30]
10. Rd: 12 fM, 2 x 1 M zun, 2 fM, 2 x 1 M zun, 12 fM. [34]
11. Rd: 15 fM, 1 M zun, 2 fM, 1 M zun, 15 fM. [36]
12. Rd: *5 fM, 1 M zun*, von * bis * noch 5 x wdh. [42]
Den Kopf umdrehen und unterhalb 8 fM markieren, um die Position für den Hals zu finden. Der Hals sollte später mittig liegen. Ein Beispielbild findest du auf Seite 62.
13. Rd: 8 Lm, 8 fM überspringen, 34 fM. [42]
14.–16. Rd: 42 fM.
Die Augen zwischen der 8. und 9. Rd mit 5 fM Abstand befestigen. Die Öffnung für den Hals liegt dabei unten mittig. Anschließend den Bereich oberhalb der Augen markieren, um die Position für die Ohren zu finden.
(Bild 1) Der Abstand zwischen den Ohren beträgt 5 fM.
17. Rd: 18 fM, 2 fM durch Ohr und Kopf, 5 fM, 2 fM durch Ohr und Kopf, 15 fM. [42]
(Bild 2–3)
18.–19. Rd: 42 fM.
20. Rd: *5 fM, 1 M abn*, von * bis * noch 5 x wdh. [36]
21. Rd: *4 fM, 1 M abn*, von * bis * noch 5 x wdh. [30]
22. Rd: *3 fM, 1 M abn*, von * bis * noch 5 x wdh. [24]
23. Rd: *2 fM, 1 M abn*, von * bis * noch 5 x wdh. [18]
24. Rd: *1 fM, 1 M abn*, von * bis * noch 5 x wdh. [12]
25. Rd: 6 x 1 M abn. [6]
Faden abschneiden, durch alle vorderen M-Glieder fädeln, festziehen und vernähen. Fülle ausreichend Füllwatte nach, bevor du mit dem Hals weitermachst.

HALS

(in Old Lace oder Beige)

Häkle in Spiral-Rd. Den Hals fortlaufend mit Füllwatte ausstopfen.
Den Faden seitlich an der Öffnung vom Kopf aufnehmen und wie folgt rundherum häkeln:
1.–6. Rd: 18 fM.
7. Rd: *2 fM, 1 M zun*, von * bis * noch 5 x wdh. [24]
Nicht abketten, es geht direkt mit dem Rücken weiter.

RÜCKEN UND KÖRPER

(in Old Lace oder Beige)

Häkle in Spiral-Rd. Den Körper fortlaufend mit Füllwatte ausstopfen.
Der Rd-Anfang sollte nun hinten mittig liegen. Gegebenenfalls noch bis zu diesem Punkt weiterhäkeln. 15 Lm anschlagen, in die 2. Lm von der Nd aus einstechen und wie folgt häkeln:
1. Rd: 1 M zun, 13 fM, 1 fM in den Hals direkt neben die Lm-Kette, 23 fM entlang des Halses, weiter auf anderer Seite, 13 fM, 1 M zun. [54]

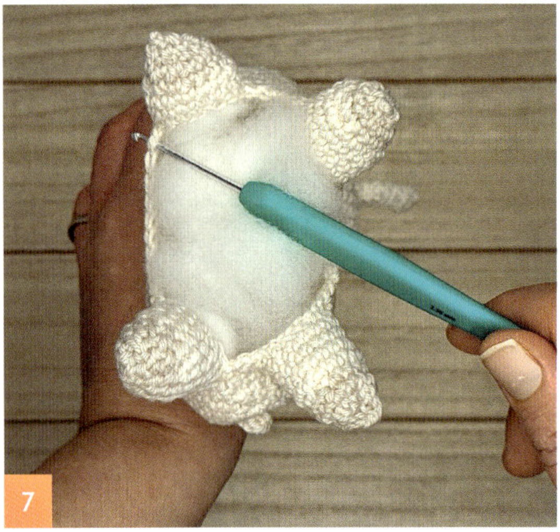

7

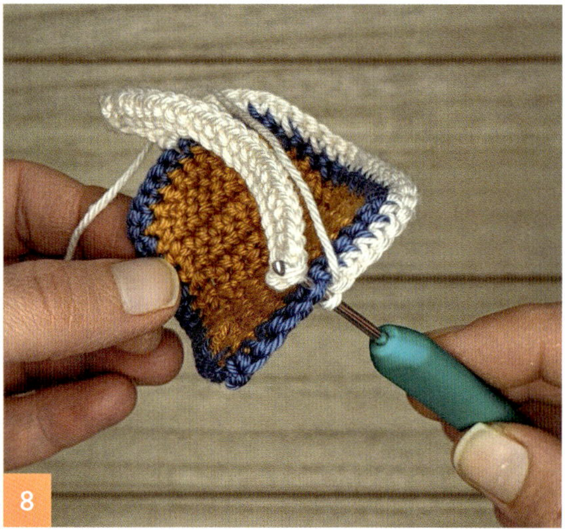

8

2. Rd: *2 x 1 M zun, 24 fM*, von * bis * noch 1 x wdh, 2 x 1 M zun. [60]
3. Rd: 2 x 1 M zun, 56 fM, 2 x 1 M zun. [64]
4. Rd: 2 x 1 M zun, 62 fM. [66]
In folgender Rd entsteht der Schwanz. Dieser sollte hinten mittig liegen. Bei Bedarf noch bis zu diesem Punkt weiterhäkeln.
5. Rd: 1 fM, 5 Lm, in die 2. Lm von der Nd aus einstechen, 2 km, 2 x 1 hStb zun, 1 fM ivM des Körpers, 64 fM. [66]
In der nächsten Rd hinter dem Schwanz ihM häkeln, damit dieser sichtbar bleibt.
6.–9. Rd: 66 fM.
10. Rd: *9 fM, 1 M abn*, von * bis * noch 5 x wdh. [60]
11.–12. Rd: 60 fM.
13. Rd: *8 fM, 1 M abn*, von * bis * noch 5 x wdh. [54]
14. Rd: *7 fM, 1 M abn*, von * bis * noch 5 x wdh. [48]
Die letzte M aus der 14. Rd sollte nun parallel zum Schwanz liegen. Bei Bedarf bis zu diesem Punkt weiterhäkeln. Es geht direkt mit der Aufteilung der Beine weiter. **(Bild 4)**

BEINE

(4 x in Old Lace und English Tea oder Beige und Sand)

Häkle in Spiral-Rd. Beginne in Old Lace oder Beige. Die Beine fortlaufend mit Füllwatte ausstopfen.

1. Hinterbein
8 Lm anschlagen, 7 fM überspringen, in die 8. fM einstechen **(Bild 5)**, wie folgt weiterhäkeln:
1. Rd: 8 fM in die Lm-Kette, 8 fM entlang des Körpers. [16]
2.–5. Rd: 16 fM.
Fb-Wechsel zu English Tea oder Sand.
6. Rd: *4 fM, 2 x 1 M abn*, von * bis * noch 1 x wdh. [12]
7. Rd: 12 fM.
8. Rd: 6 x 1 M abn. [6]
Faden abschneiden, durch alle vorderen M-Glieder fädeln, festziehen und vernähen.

2. Hinterbein
Links neben dem 1. Hinterbein anketten und 2 fM entlang des Körpers häkeln. Anschließend das 1. Hinterbein wdh. **(Bild 6)**

1. Vorderbein
Links neben dem 2. Hinterbein anketten, 6 fM entlang des Körpers häkeln. Anschließend das 1. Hinterbein wdh.

2. Vorderbein
Links neben dem 1. Vorderbein anketten, 2 fM entlang des Körpers häkeln. Anschließend das 1. Hinterbein auch hier wdh. Weiter mit dem Bauch.

BAUCH

(in Old Lace oder Beige)
Häkle in Spiral-Rd. Den Körper fest, den Bauch nicht zu fest mit Füllwatte ausstopfen. Links neben dem rechten Vorderbein anketten **(Bild 7)** und wie folgt weiter häkeln:
1. Rd: 6 fM am Körper, 8 fM entlang des ersten Beins, 2 fM am Körper, 8 fM entlang des zweiten Beins, 6 fM am Körper, 8 fM entlang des dritten Beins, 2 fM am Körper, 8 fM entlang des vierten Beins. [48]
2. Rd: *6 fM, 1 M abn*, von * bis * noch 5 x wdh. [42]
3. Rd: *5 fM, 1 M abn*, von * bis * noch 5 x wdh. [36]
4. Rd: *4 fM, 1 M abn*, von * bis * noch 5 x wdh. [30]
5. Rd: *3 fM, 1 M abn*, von * bis * noch 5 x wdh. [24]
6. Rd: *2 fM, 1 M abn*, von * bis * noch 5 x wdh. [18]
7. Rd: *1 fM, 1 M abn*, von * bis * noch 5 x wdh. [12]
Faden abschneiden, durch alle vorderen M-Glieder fädeln, festziehen und vernähen. Anschließend das Augenweiß in weißem Filetgarn direkt neben dem Auge aufsticken. Die Augenbrauen in Schwarz 2 Rd über dem Auge über 2 fM breit aufsticken. Die Nase in Schwarz über die 1.–2. Rd der Schnauze aufsticken, darunter noch 4 fM nach unten sticken.

SATTEL

(in Ginger Gold und Capri Blue oder Senf und Schokolade)
Häkle in R. Beginne in Ginger Gold oder Senf. 9 Lm anschlagen, in die 2. Lm von der Nd aus einstechen und wie folgt weiterhäkeln:
1.–17. R: 8 fM, 1 Lm, wenden. [8]
Es geht weiter in Rd.
18. Rd: 54 fM rundherum häkeln, dabei je 1 M zun in jeder Ecke. [54]
Fb-Wechsel zu Capri Blue oder Schokolade.
19. Rd: 58 fM, dabei je 1 M zun in jeder Ecke. [58]
Den Faden abschneiden und vernähen.

GURT

(in Old Lace oder Creme)
Den Faden an der kurzen Seite des Sattels wieder aufnehmen und 1 fM häkeln. Anschließend 30 Lm anschlagen, in die 2. Lm von der Nd aus einstechen und wie folgt weiterhäkeln: 29 fM entlang der Lm-Kette, 1 fM direkt unter die Lm-Kette, 28 fM entlang des Sattels, fM durch den Sattel und das 2. Gürtelende, weitere 28 fM entlang des Sattels, mit 1 Km in den Gürtel beenden. Den Faden abschneiden und vernähen. **(Bild 8)**

SCHAL

(in Brick Red oder Kirsche)
71 Lm anschlagen, in die 2. Lm von der Nd aus einstechen und wie folgt in R weiterhäkeln:
1. R: 70 fM, 2 Lm, wenden. [70]
2. R: 70 hStb, 2 Lm, wenden. (70)
3. R: 70 hStb.

Snorre, die Möwe

Immer dann, wenn die Möwen sich am Hafen auf die Reste der Fischbrötchen stürzen, bleibt Snorre geduldig. Denn er weiß, gleich wird der Eisverkäufer ihm eine schöne Kugel Vanilleeis schenken. Geduld zahlt sich schließlich aus!

Größe 18 cm

Material

Variante 1

- Wollbutt Camilla (100 % Baumwolle, LL 125 m/50 g) in
- Gelb (Fb 35436), 10 g
- Weiß (Fb 35432), 18 g
- Grau (Fb 35441), 6 g
- Rot (Fb 35442), 5 g

Variante 2

- Gründl Eco Cotton (100 % Baumwolle, LL 105m/50 g) in
- Pastell Natur (Fb 04), 30 g
- Pastell Schlamm (Fb 08), 8 g
- Pastell Gelb (Fb 02), 8 g
- Blau (Fb 07), 8 g

Außerdem:

- Häkelnadel 2,5 mm
- Sicherheitsaugen ∅ 7 mm und 8 mm
- Filetgarn in Schwarz und Weiß
- Füllwatte
- Stopfnadel zum Vernähen

FÜSSE

(2 x in Gelb oder Pastell Gelb)

Häkle in Spiral-Rd. Die Füße nicht mit Füllwatte ausstopfen.

9 Lm anschlagen, in die 2. Lm von der Nd aus einstechen und wie folgt um die Lm-Kette herumhäkeln:

1. Rd: 7 fM, 3 fM in 1 M, 6 fM, 1 M zun. [18]
2.–5. Rd: 18 fM.
6. Rd: *7 fM, 1 M abn*, von * bis * noch 1 x wdh. [16]
7. Rad: *6 fM, 1 M abn*, von * bis * noch 1 x wdh. [14]
8. Rd: *5 fM, 1 M abn*, von * bis * noch 1 x wdh. [12]
9. Rd: 8 fM, 3 Lm, 3 fM überspringen, 1 fM. [12]
10. Rd: 12 fM.
11. Rd: 6 x 1 M abn. [6]

Faden abschneiden, durch alle vorderen M-Glieder fädeln, festziehen und vernähen.

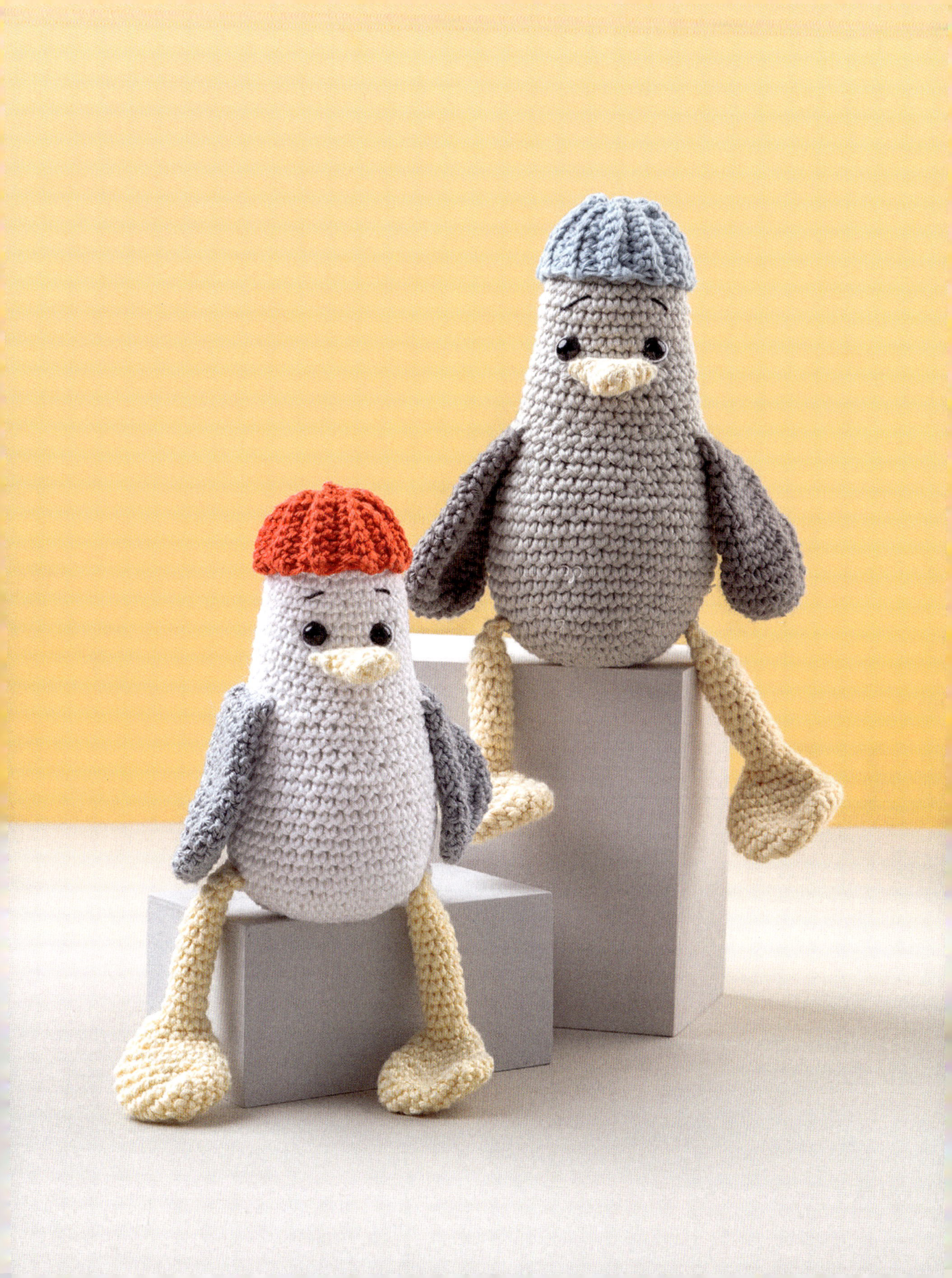

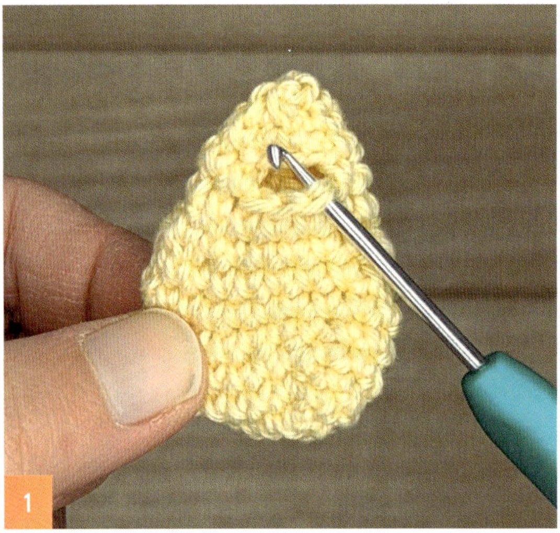
1

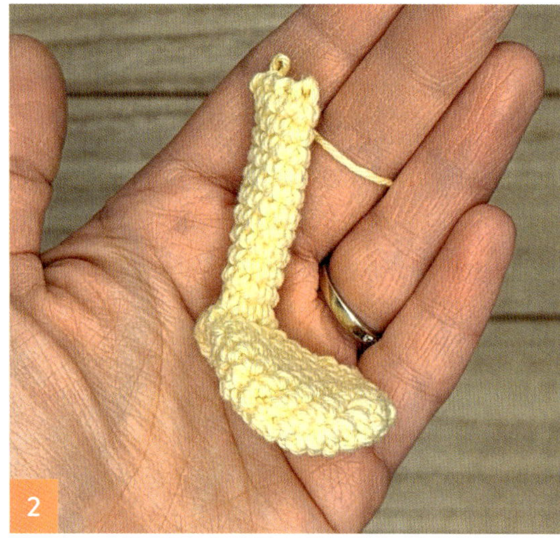
2

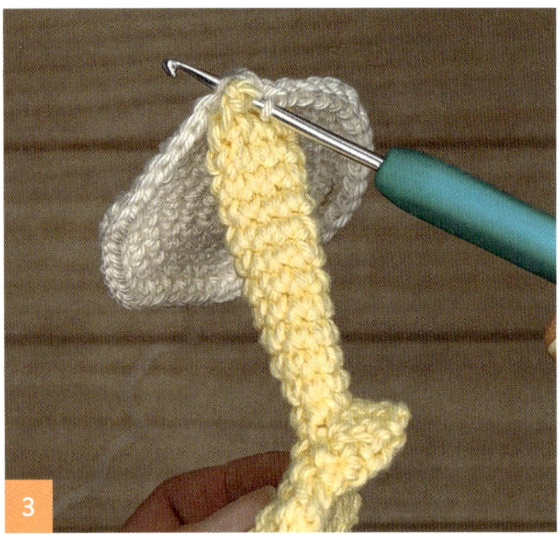
3

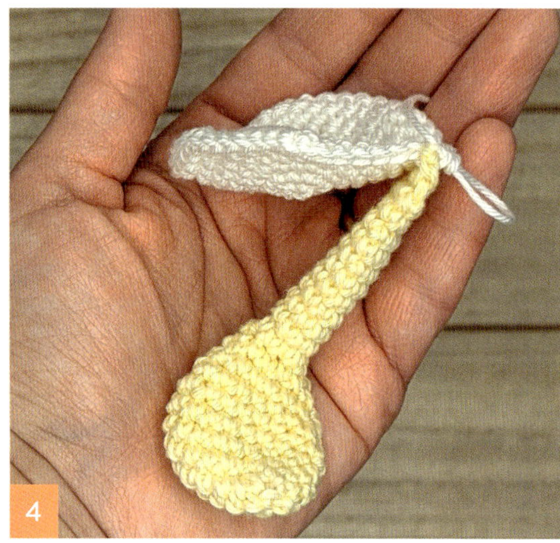
4

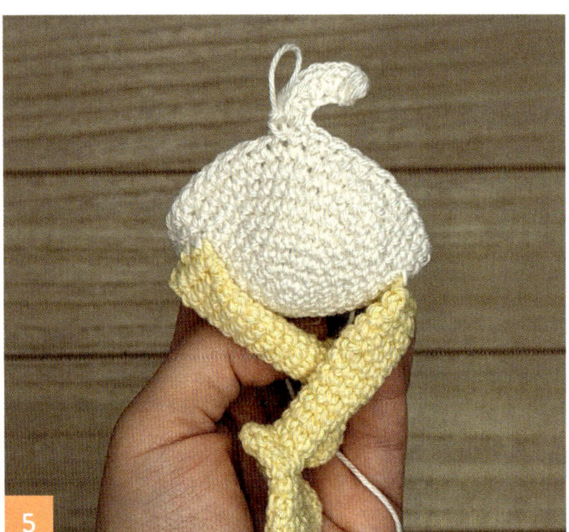
5

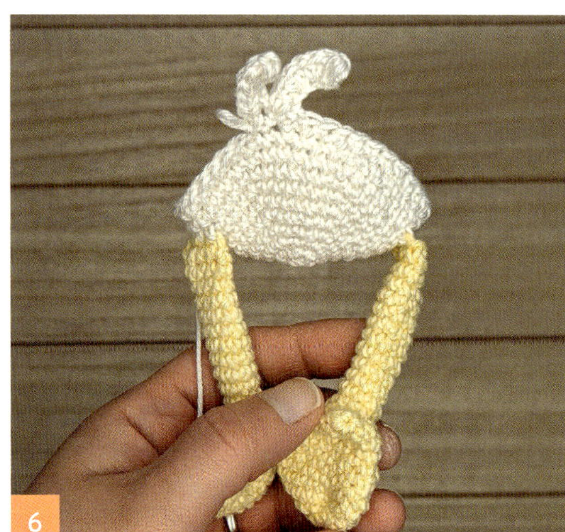
6

BEINE

(2 x in Gelb oder Pastell Gelb)

Häkle in Spiral-Rd. Die Beine nur locker mit Füllwatte ausstopfen. Den Faden seitlich an der Öffnung des Fußes in der Hauptfarbe wieder aufnehmen, wie folgt rundherum häkeln:

1.–12. Rd: 8 fM.

Das Ende falten und mit 4 fM zusammenhäkeln. Die Faltkante sollte dabei in einer Linie mit der Fußspitze liegen. Den Faden abschneiden und vernähen. **(Bild 1 & 2)**

FLÜGEL

(2 x in Grau oder Pastell Schlamm)

Häkle in Spiral-Rd. Die Flügel nicht mit Füllwatte ausstopfen.

10 Lm anschlagen, in die 2. Lm von der Nd aus einstechen und wie folgt um die Lm-Kette herumhäkeln:

1. Rd: 8 fM, 3 fM in 1 M, 7 fM, 1 M zun. [20]
2. Rd: *1 fM zun, 9 fM*, von * bis * noch 1 x wdh. [22]
3. Rd: *1 fM zun, 10 fM*, von * bis * noch 1 x wdh. [24]
4.–6. Rd: 24 fM.
7. Rd: *1 fM abn, 10 fM*, von * bis * noch 1 x wdh. [22]
8. Rd: *1 fM abn, 9 fM*, von * bis * noch 1 x wdh. [20]
9. Rd: 20 fM.
10. Rd: *1 fM abn, 8 fM*, von * bis * noch 1 x wdh. [18]
11. Rd: *1 fM abn, 7 fM*, von * bis * noch 1 x wdh. [16]
12. Rd: *1 fM abn, 6 fM*, von * bis * noch 1 x wdh. [14]
13. Rd: 14 fM.
14. Rd: *1 fM abn, 5 fM*, von * bis * noch 1 x wdh. [12]

Das Ende falten und mit 6 fM zusammenhäkeln. Den Faden abschneiden und vernähen.

SCHNABEL

(in Gelb oder Pastell Gelb)

Häkle in Spiral-Rd. Den Schnabel nicht mit Füllwatte ausstopfen.

1. Rd: 6 fM in einen Fadenring häkeln. [6]
2.–3. Rd: 6 fM.
4. Rd: *1 fM, 1 fM zun*, von * bis * noch 2 x wdh. [9]
5. Rd: *2 fM, 1 fM zun*, von * bis * noch 2 x wdh. [12]
6. Rd: 12 fM.

Das Ende falten und mit 6 fM zusammenhäkeln. Den Faden abschneiden und vernähen.

KÖRPER UND KOPF

(in Weiß oder Pastell Natur)

Häkle in Spiral-Rd. Den Körper fortlaufend mit Füllwatte ausstopfen.

1. Rd: 6 fM in einen Fadenring häkeln. [6]
2. Rd: 6 x 1 M zun. [12]
3. Rd: *1 fM, 1 M zun*, von * bis * noch 5 x wdh. [18]
4. Rd: *2 fM, 1 M zun*, von * bis * noch 5 x wdh. [24]
5. Rd: *3 fM, 1 M zun*, von * bis * noch 5 x wdh. [30]
6. Rd: *4 fM, 1 M zun*, von * bis * noch 5 x wdh. [36]
7. Rd: *5 fM, 1 M zun*, von * bis * noch 5 x wdh. [42]
8. Rd: *17 fM, 4 fM durch Bein und Körper*, von * bis * noch 1 x wdh. [42] **(Bild 3 & 4)**
9.–10. Rd: 42 fM.
11. Rd: 9 fM, *5 Lm, in die 2. Lm von der Nd aus einstechen, 4 x 1 hStb zun*, von * bis * noch 1 x wdh, 1 fM direkt unter die Lm-Kette, 32 fM. [42] **(Bild 5 & 6)**

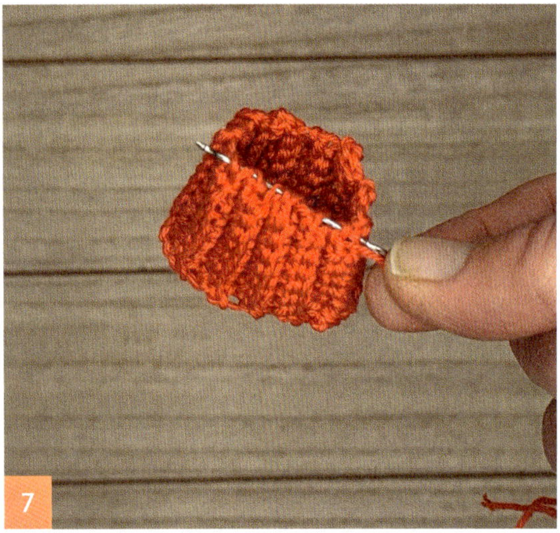

7

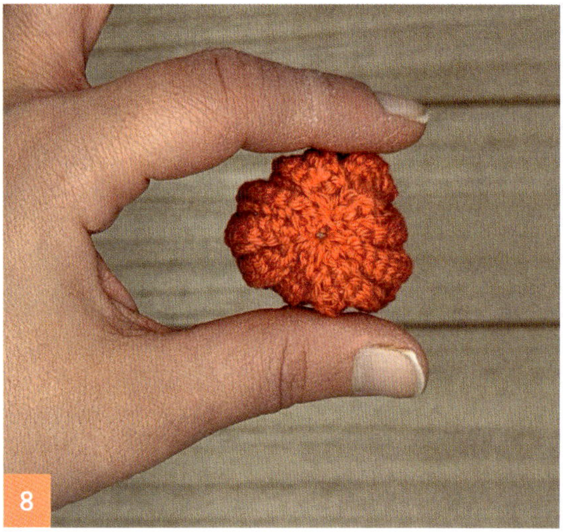

8

In der folgenden Rd den Schwanz, während des Häkelns, überspringen und direkt in die fM neben dem Schwanz häkeln. So bleibt dieser sichtbar.

12.–17. Rd: 42 fM.
18. Rd: *5 fM, 1 M abn*, von * bis * noch 5 x wdh. [36]
19.–20. Rd: 36 fM.
21. Rd: *12 fM, 6 fM durch Flügel und Körper*, von * bis * noch 1 x wdh. [36]
22. Rd: *4 fM, 1 M abn*, von * bis * noch 5 x wdh. [30]
23.–25. Rd: 30 fM.
26. Rd: 17 fM, 6 fM durch Kopf und Schnabel, 7 fM. [30]
27.–30. Rd: 30 fM.
Befestige die Augen zwischen der 27. und 28. Rd mit 4 fM Abstand.
31.–33. Rd: 30 fM.
34. Rd: *3 fM, 1 M abn*, von * bis * noch 5 x wdh. [24]
35. Rd: *2 fM, 1 M abn*, von * bis * noch 5 x wdh. [18]
36. Rd: *1 fM, 1 M abn*, von * bis * noch 5 x wdh. [12]
37. Rd: 6 x 1 M abn. [6]

Faden abschneiden, durch alle vorderen M-Glieder fädeln, festziehen und vernähen. Das Augenweiß direkt neben dem Auge in weißem Filetgarn aufsticken. Die Augenbrauen in schwarzem Filetgarn 2 Rd über den Augen über 1 Rd hoch und 2 fM breit sticken.

MÜTZE

(in Rot oder Blau)

Häkle in R. Die Arbeit wird später zusammengefügt.

9 Lm anschlagen, in die 2. Lm von der Nd aus einstechen und wie folgt häkeln:
1.–22. Rd: 8 fM ihM häkeln, 1 Lm, wenden. [8]
Den Faden lang abschneiden und die Enden des Häkelstücks zusammennähen. Anschließend den Faden durch alle Enden der R fädeln und die Öffnung zuziehen. **(Bild 7 & 8)**

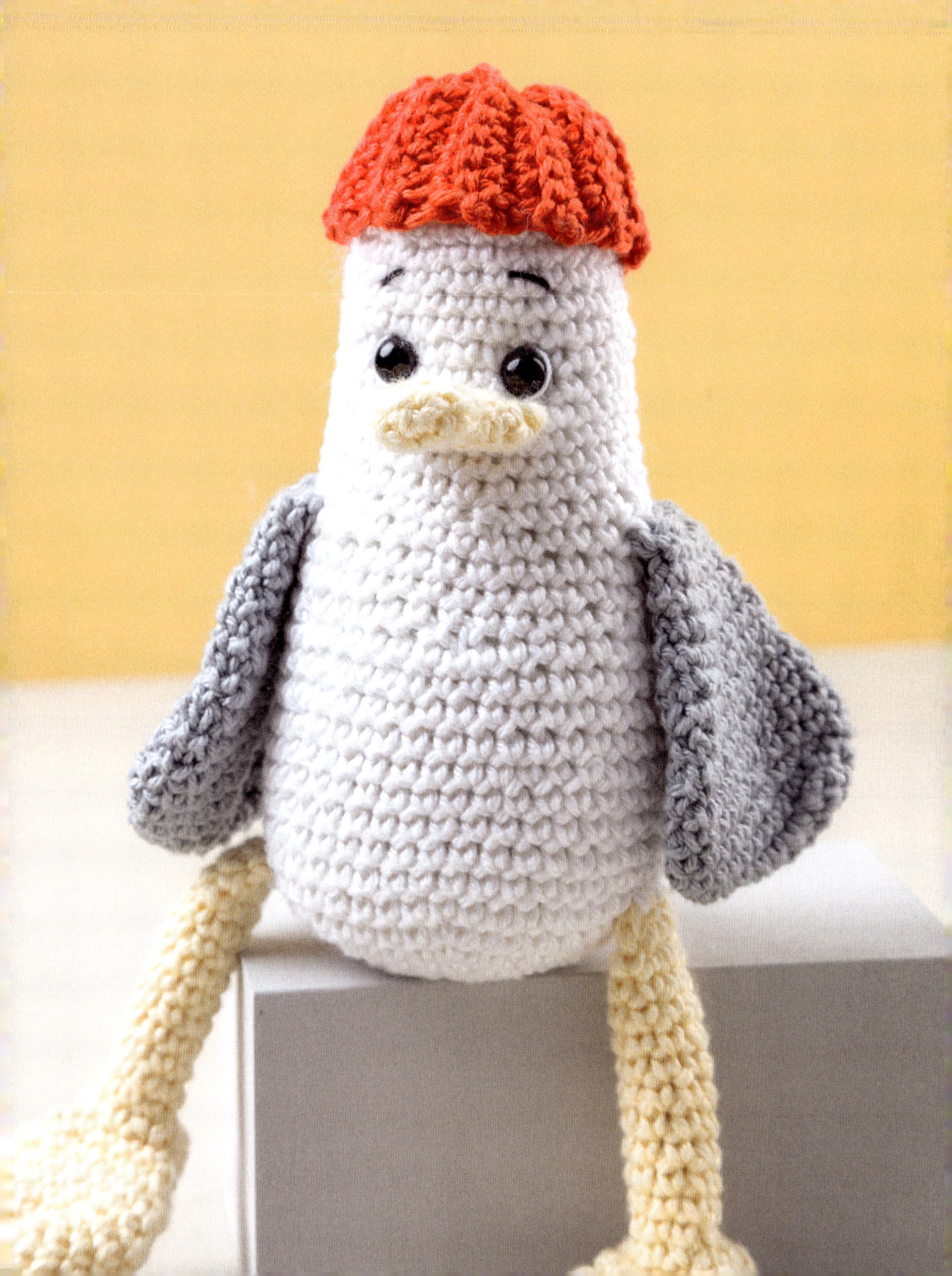

Susi, die Qualle

Als Lehrerin hat Susi den Meeresbewohnern schon viel beibringen können. Oft hat sie sich selbst dabei vergessen, darum macht sie nun eine Weltreise quer durch die Meere. Das Ziel: ihren tiefsten Wunsch endlich kennenzulernen.

Größe 16 cm

Material

Variante 1

- Gründl Eco Cotton (100 % Baumwolle, LL 105m/50 g) in
- Pastell Rosa (Fb 05), 90 g

Variante 2

- Scheepjes Stonewashed (78 % Baumwolle, 22 % Acryl, LL 130 m/ 50 g) in
- Smokey Quartz (Fb 802), 60 g

Außerdem:

- Häkelnadel 2,5 mm
- Sicherheitsaugen Ø 8 mm
- Filetgarn in Schwarz und Weiß
- Füllwatte
- Stopfnadel zum Vernähen

KOPF

(in Pastell Rosa oder Smokey Quartz)

Häkle in Spiral-Rd. Den Kopf fortlaufend mit Füllwatte ausstopfen.

1. Rd: 6 fM in einen Fadenring häkeln. [6]
2. Rd: 6 x 1 M zun ihM. [12]
3. Rd: *1 fM ihM, 1 M zun ihM*, von * bis * noch 5 x wdh. [18]
4. Rd: *2 fM ihM, 1 M zun ihM*, von * bis * noch 5 x wdh. [24]
5. Rd: *3 fM ihM, 1 M zun ihM*, von * bis * noch 5 x wdh. [30]
6. Rd: *4 fM ihM, 1 M zun ihM*, von * bis * noch 5 x wdh. [36]
7. Rd: *5 fM ihM, 1 M zun ihM*, von * bis * noch 5 x wdh. [42]
8. Rd: *6 fM ihM, 1 M zun ihM*, von * bis * noch 5 x wdh. [48]

9.–10. Rd: 48 fM.

11. Rd: *6 fM, 1 M abn*, von * bis * noch 5 x wdh. [42]

12.–17. Rd: 42 fM.

18. Rd: *5 fM, 1 M abn*, von * bis * noch 5 x wdh. [36]
19. Rd: 36 fM.

Befestige die Augen zwischen der 11. und

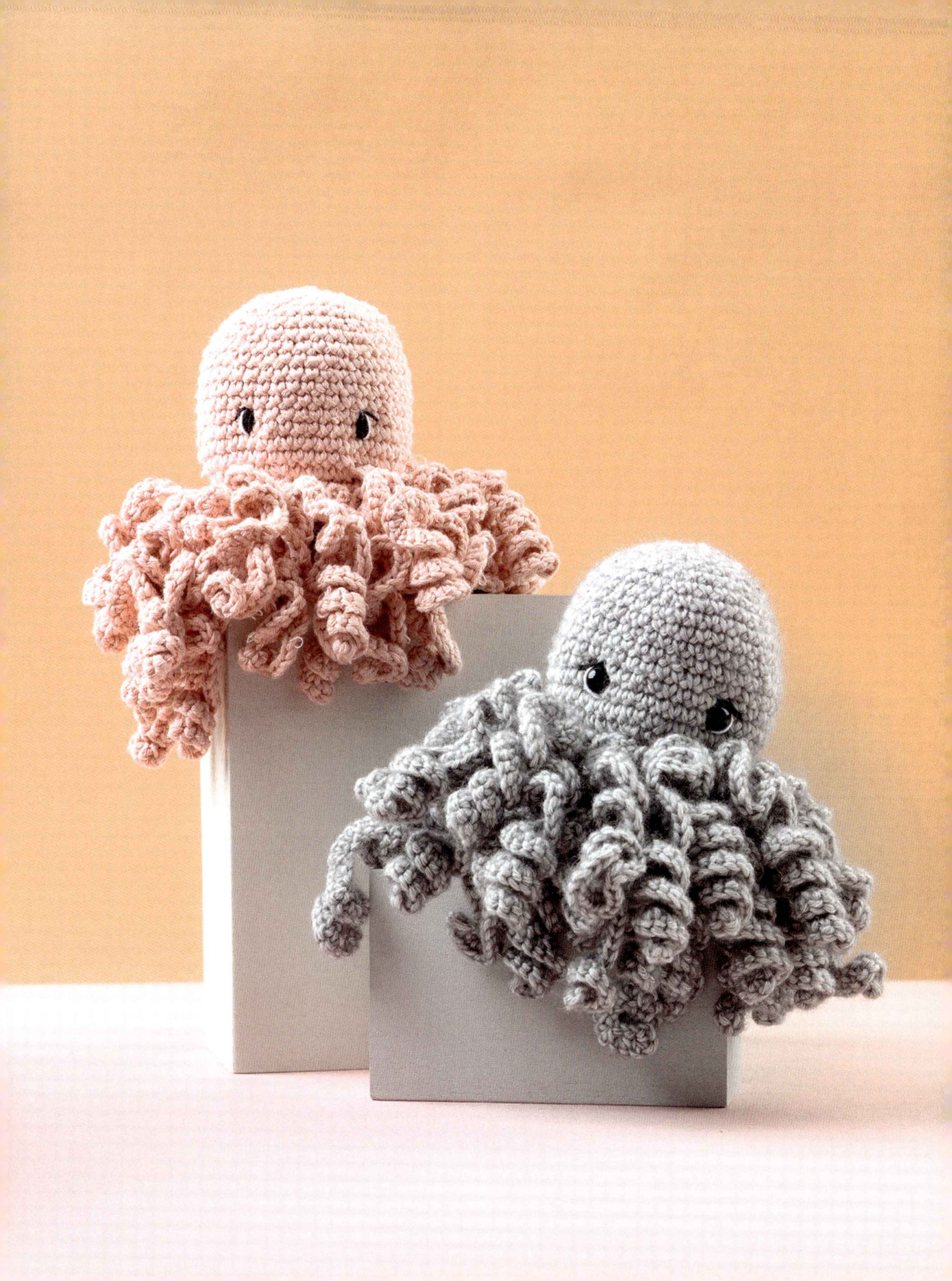

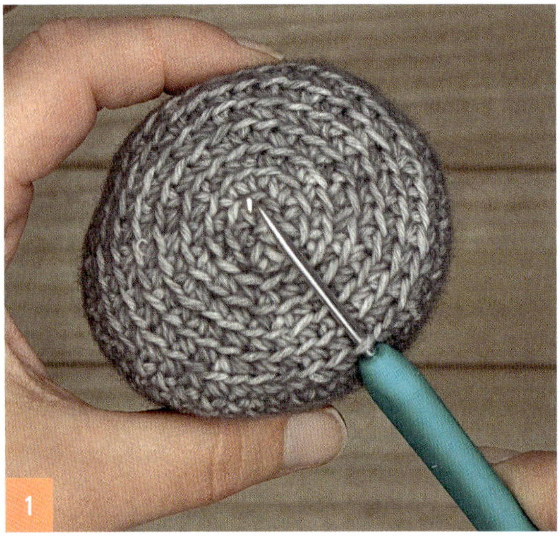
1
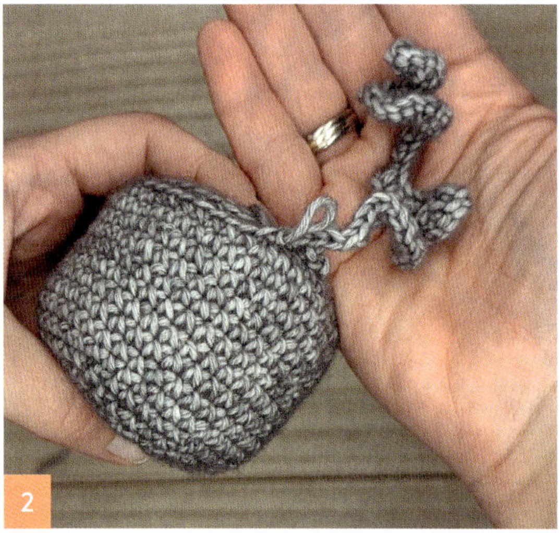
2
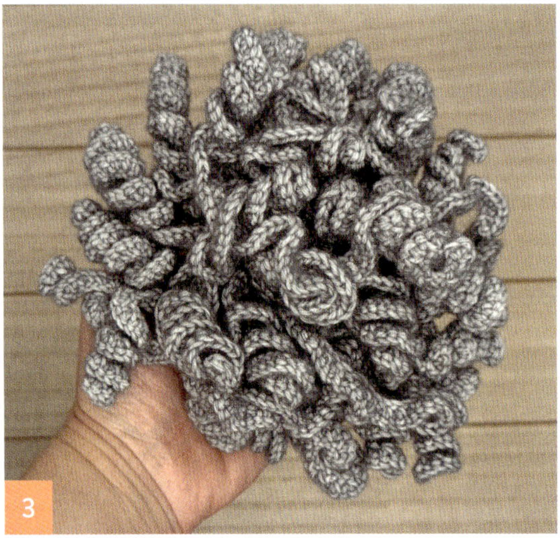
3
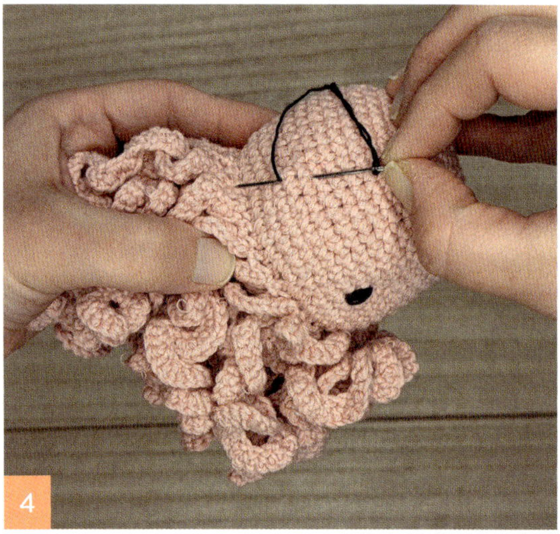
4
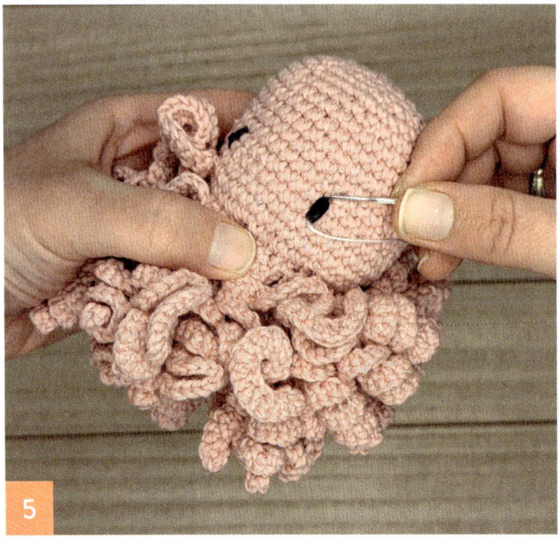
5
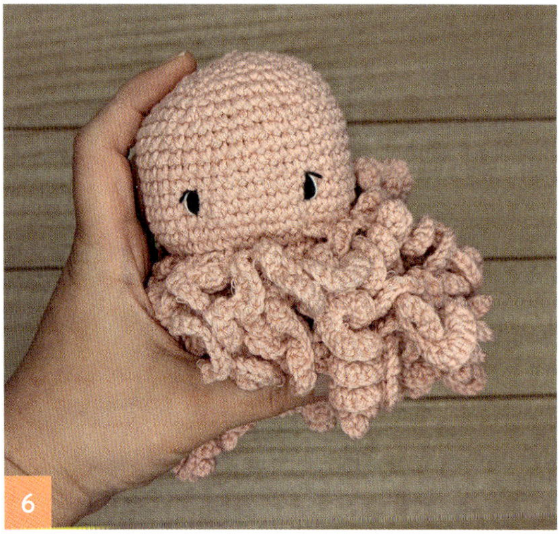
6

12. Rd mit 7 fM Abstand. Die gestickten Augen werden später angebracht.
20. Rd: *4 fM, 1 M abn*, von * bis * noch 5 x wdh. [30]
21. Rd: *3 fM, 1 M abn*, von * bis * noch 5 x wdh. [24]
22. Rd: *2 fM, 1 M abn*, von * bis * noch 5 x wdh. [18]
23. Rd: *1 fM, 1 M abn*, von * bis * noch 5 x wdh. [12]
24. Rd: 6 x 1 M abn. [6]
Faden abschneiden, durch alle vorderen M-Glieder fädeln, festziehen und vernähen.

NESSELN

(In Pastell Rosa oder Smokey Quartz)
Häkle in Spiral-Rd. Die einzelnen Nesseln werden entlang der Lm-Kette gehäkelt. Drehe den Kopf der Qualle mit der Unterseite nach oben und nimm den Faden in einem der vorderen M-Glieder wieder auf. **(Bild 1)** Stich dazu von unten nach oben ein und häkle wie folgt um alle vorderen M-Glieder der Unterseite:
1.–3. Rd: 2 Km, 36 Lm, in die 2. Lm von der Nd aus einstechen, 35 x 1 M zun, wdh., bis die ersten 3 Rd der Unterseite behäkelt sind. **(Bild 2 & 3)**
Tipp: Die genaue Anzahl an Nesseln ist am Ende nicht wichtig. Wichtig ist hierbei, dass du so lange weiterhäkelst, bis keine vorderen M-Glieder mehr sichtbar sind. Du kannst zwischen den Nesseln auch die Anzahl an Km je nach Bedarf erhöhen, solange am Ende noch genug Nesseln an der Unterseite zu sehen sind.
4.–7. Rd: 8 Km, 43 Lm, in die 2. Lm von der Nd aus einstechen, 42 x 1 M zun, 4 Km, 36 Lm, in die 2. Lm von der Nd aus einstechen, 35 x 1 M zun.
Den Faden abschneiden und vernähen.

GESICHT FERTIGSTELLEN

Bei Sicherheitsaugen:
Das Augenweiß in weißem Filetgarn direkt neben den Augen aufsticken. Direkt über den Augen einen Lidstrich in schwarzem Filetgarn über ca. 3 fM Länge aufsticken.
Bei gestickten Augen:
Die Augen in schwarzem Filetgarn 3 Rd über dem Beginn der Nesseln über 2 fM hoch aufsticken. Der Abstand zwischen den Augen beträgt dabei 8 fM. Stich dazu ca. 8 x ein. Das Augenweiß in weißem Filetgarn direkt neben den Augen sticken. Genau wie bei der Version mit den Sicherheitsaugen den Lidstrich direkt über den Augen über 3 fM Länge sticken.
(Bild 4–6)

Robby, das Reh

Kleine Erdbeertörtchen, die backt Robby am liebsten. Und noch mehr mag er es Giselle, die Giraffe, damit zu beschenken, wenn sie um 10 Uhr die Post vorbeibringt.

Größe 20 cm

Material

Variante 1

- Schachenmayr Catania (100 % Baumwolle, LL 125 m/50 g) in
- Deep Amber (Fb 438), 30 g
- Bast (Fb 257), 5 g
- Agave (Fb 244), 20 g
- Sand (Fb 404), 8 g
- Creme (Fb 130), ein Rest

Variante 2

- Wollbutt Camilla (100 % Baumwolle, LL 125 m/50 g) in
- Karamell (Fb 35947), 30 g
- Leinen (Fb 27158), 5 g
- Terra (Fb 102692), 20 g
- Weiß (Fb 35432), ein Rest

Außerdem:

- Häkelnadel 2,5 mm
- Sicherheitsaugen Ø 8 mm
- Filetgarn in Schwarz und Weiß
- Reste in Rosa
- Füllwatte
- Stopfnadel zum Vernähen
- Maschenmarkierer
- Stecknadeln zum Fixieren

SCHWANZ

(in Deep Amber oder Karamell)

Häkle in Spiral-Rd. Den Schwanz nicht mit Füllwatte ausstopfen.

1. Rd: 6 fM in einen Fadenring häkeln. [6]
2. Rd: 6 x 1 M zun. [12]
3.–4. Rd: 12 fM.
5. Rd: 6 x 1 M abn. [6]
Das Ende falten und mit 3 fM zusammenhäkeln. Den Faden abschneiden und vernähen. Den Schwanz zur Seite legen.

ARME

(2 x in Deep Amber und Agave oder Karamell und Terra)

Häkle in Spiral-Rd. Nur die Fäuste mit Füllwatte ausstopfen.

1. Rd: 6 fM in einen Fadenring häkeln. [6]

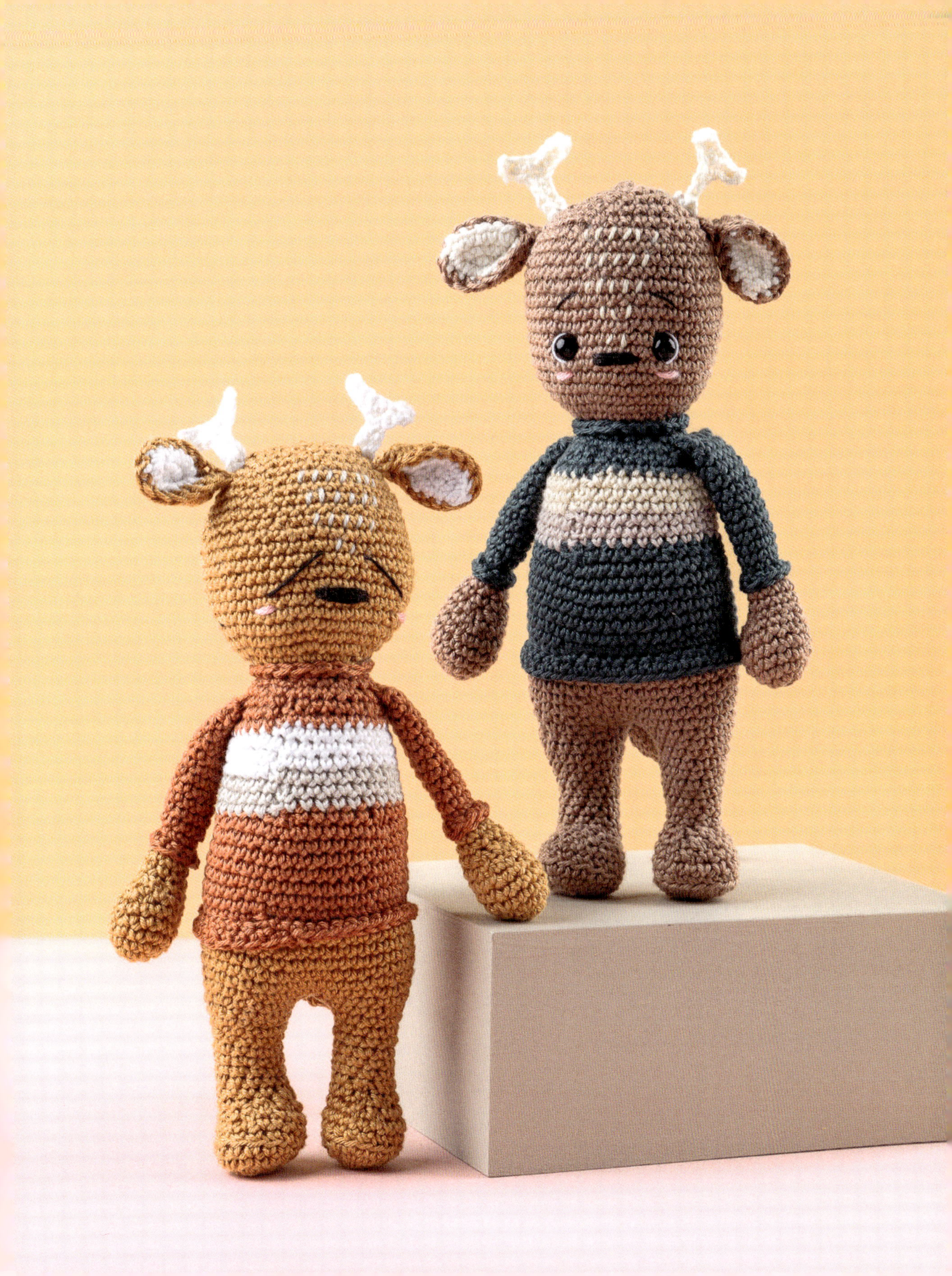

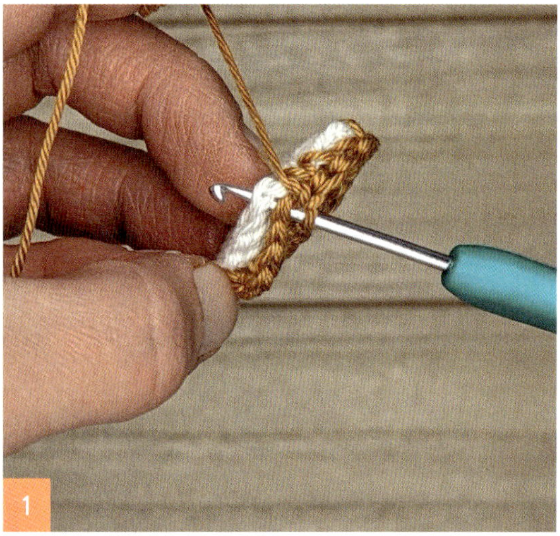

1

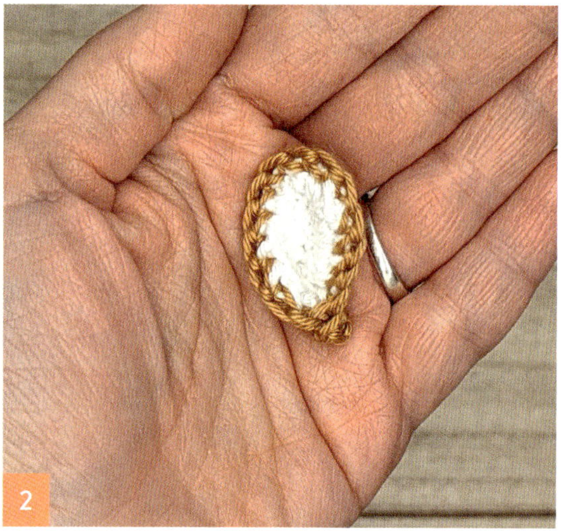

2

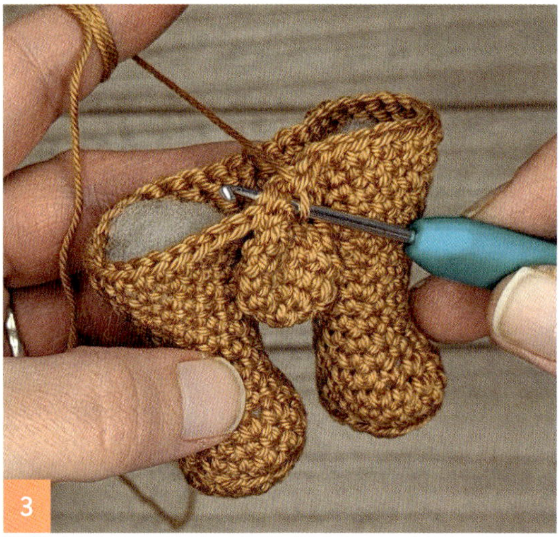

3

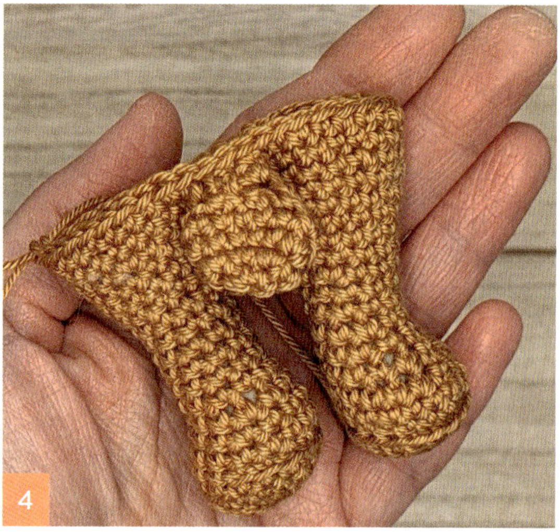

4

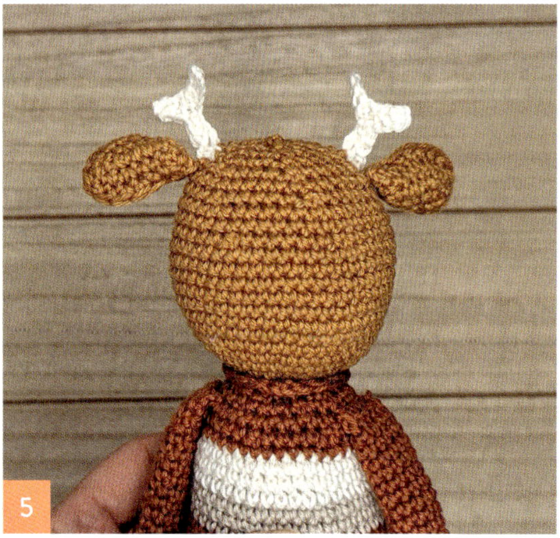

5

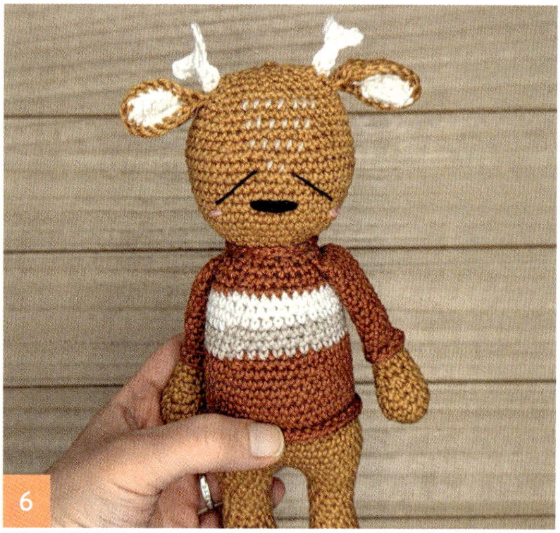

6

2. Rd: 6 x 1 M zun. [12]
3. Rd: 5 fM, 2 x 1 M zun, 5 fM. [14]
4.–6. Rd: 14 fM.
7. Rd: 5 fM, 2 x 1 M abn, 5 fM. [12]
8. Rd: 4 fM, 2 x 1 M abn, 4 fM. [10]
9.–10. Rd: 10 fM.
Fb-Wechsel zu Agave oder Terra.
11. Rd: 10 fM.
12. Rd: 10 fM ihM.
13.–23. Rd: 10 fM.
Das Ende falten und mit 5 fM zusammenhäkeln. Die Faltkante sollte dabei in einer Linie mit der Faust liegen. Danach ivM der 12. Rd in Agave oder Terra anketten, von oben nach unten einstechen und 10 fM rundherum häkeln. Den Faden abschneiden und vernähen.

OHREN

(2 x in Deep Amber und Creme oder Karamell und Weiß)
Häkle in Spiral-Rd. Beginne in Creme oder Weiß.
7 Lm anschlagen, in die 2. Lm von der Nd aus einstechen und wie folgt um die Lm-Kette herumhäkeln:
1. Rd: 5 fM, 3 fM in 1 M, 4 fM, 1 M zun. [14]
2. Rd: 6 fM, 3 fM in 1 M, 5 fM, 1 M zun. [16]
Je einen hellen und einen dunklen Ohrteil häkeln. Das innere Ohr abketten und den Faden vernähen. Den äußeren Teil nicht abketten, sondern beide Teile rücklinks aufeinanderlegen und mit fM umhäkeln. Dann das Ohr mittig falten und zwei der gegenüberliegenden fM mit 2 fM zusammenhäkeln. **(Bild 1 & 2)** Den Faden abschneiden und vernähen.

BEINE

(2 x in Deep Amber oder Karamell)
Häkle in Spiral-Rd. Die Beine fortlaufend mit Füllwatte ausstopfen.
1. Rd: 6 fM in einen Fadenring häkeln. [6]
2. Rd: 6 x 1 M zun. [12]
3. Rd: 5 fM, 2 x 1 M zun, 5 fM. [14]
4. Rd: 6 fM, 2 x 1 M zun, 6 fM. [16]
5. Rd: 16 fM ihM.
6. Rd: 16 fM.
7. Rd: 6 fM, 2 x 1 M abn, 6 fM. [14]
8. Rd: 5 fM, 2 x 1 M abn, 5 fM. [12]
9. Rd: 4 fM, 2 x 1 M abn, 4 fM. [10]
10.–12. Rd: 10 fM.
13. Rd: *4 fM, 1 M zun*, von * bis * noch 1 x wdh. [12]
14. Rd: 12 fM.
15. Rd: *5 fM, 1 M zun*, von * bis * noch 1 x wdh. [14]
16. Rd: *6 fM, 1 M zun*, von * bis * noch 1 x wdh. [16]
17. Rd: 16 fM.
Das erste Bein abketten und den Faden vernähen. Ein zweites Bein häkeln und nicht abketten. Es geht gleich mit dem Körper weiter.

KÖRPER UND KOPF

(in Deep Amber, Agave, Bast, Creme oder Karamell, Terra, Leinen und Weiß)
Häkle in Spiral-Rd. Den Körper fortlaufend mit Füllwatte ausstopfen. Beginne in Deep Amber oder Karamell.
2 Lm an das zweite Bein häkeln, in das erste Bein einstechen und wie folgt rundherum häkeln:
1. Rd: 16 fM um das erste Bein, 2 fM in die Lm-Kette, 16 fM um das zweite Bein, 2 fM in die Lm-Kette. [36]
2. Rd: *5 fM, 1 M zun*, von * bis * noch 5 x wdh. [42]
3. Rd: 42 fM.
In der folgenden Rd wird der Schwanz angehäkelt, dieser sollte später hinten mittig liegen.
4. Rd: 18 fM, 3 fM durch Schwanz und

Körper, 21 fM. [42] **(Bild 3 & 4)**
5.–7. Rd: 42 fM.
Fb-Wechsel zu Agave oder Terra.
8. Rd: 42 fM.
9. Rd: 42 fM ihM.
10.–15. Rd: 42 fM.
16. Rd: *5 fM, 1 M abn*, von * bis * noch 5 x wdh. [36]
Fb-Wechsel zu Bast oder Leinen.
17.–19. Rd: 36 fM.
Fb-Wechsel zu Sand oder Weiß.
20.–22. Rd: 36 fM.
Fb-Wechsel zu Agave oder Terra.
23. Rd: 36 fM.
24. Rd: *4 fM, 1 M abn*, von * bis * noch 5 x wdh. [30]
Nun die Arme seitlich am Körper mit Stecknadeln fixieren. In der folgenden Rd werden die Arme am Körper angehäkelt.
25. Rd: 30 fM häkeln, dabei je 5 fM durch Arme und Körper. [30]
26. Rd: *3 fM, 1 M abn*, von * bis * noch 5 x wdh. [24]
27. Rd: *2 fM, 1 M abn*, von * bis * noch 5 x wdh. [18]
Fb-Wechsel Deep Amber oder Karamell.
28. Rd: 18 fM ihM.
Es geht weiter mit dem Kopf.
29. Rd: 18 x 1 M zun. [36]
30. Rd: *5 fM, 1 M zun*, von * bis * noch 5 x wdh. [42]
31. Rd: *6 fM, 1 M zun*, von * bis * noch 5 x wdh. [48]
32.–39. Rd: 48 fM.
Wenn du Sicherheitsaugen verwendest, befestige diese hier zwischen der 34. und 35. Rd mit 6 fM Abstand.
40. Rd: *6 fM, 1 M abn*, von * bis * noch 5 x wdh. [42]
41.–42. Rd: 42 fM.
43. Rd: *5 fM, 1 M abn*, von * bis * noch 5 x wdh. [36]
Die Ohren seitlich am Kopf fixieren. In folgender Rd werden die Ohren festgehäkelt.
44. Rd: 36 fM, dabei je 2 fM durch Ohren und Kopf. [36]
45. Rd: *4 fM, 1 M abn*, von * bis * noch 5 x wdh. [30]
46. Rd: *3 fM, 1 M abn*, von * bis * noch 5 x wdh. [24]
47. Rd: *2 fM, 1 M abn*, von * bis * noch 5 x wdh. [18]
48. Rd: *1 fM, 1 M abn*, von * bis * noch 5 x wdh. [12]
49. Rd: 6 x 1 M abn. [6]
Faden abschneiden, durch alle vorderen M-Glieder fädeln, festziehen und vernähen.

HÖRNER

(2 x in Creme oder Weiß)

Drehe das Reh mit dem Gesicht zu dir hin und nimm den Faden 1 fM über dem Ohr in Creme oder Weiß wieder auf. Häkle wie folgt: 9 Lm, in die 2. Lm von der Nd aus einstechen und 4 fM entlang der Lm-Kette häkeln, weitere 4 Lm, in die 2. Lm von der Nd aus einstechen, 3 fM entlang der 2. Lm-Kette häkeln, weitere 4 fM entlang des Horns, 1 Km in den Kopf.
Den Faden abschneiden und vernähen. Noch einmal für das zweite Horn wdh. Drehe beim zweiten Horn jedoch das Reh mit dem Gesicht von dir weg, damit es am Ende auf dem Kopf in die richtige Richtung zeigt. **(Bild 5)**
Anschließend ivM der 9. Rd des Körpers in Agave oder Terra anketten, von oben nach unten einstechen und 2 Rd mit je 42 fM häkeln. Ebenso in der 18. Rd am Hals den Faden aufnehmen und 1 Rd mit 18 fM ivM häkeln.

GESICHT

Sticke das Augenweiß in weißem Filetgarn direkt neben dem Auge auf. Die Nase in schwarzem Filetgarn zwischen der 33. und 34. Rd über 4 fM breit sticken, dazu ca. 8 x einstechen. Die Augenbrauen in Schwarz 2 Rd über den Augen über 1 Rd hoch und 2 fM breit sticken. Die Wangen in Rosa direkt unter den Augen über 2 fM breit sticken, dazu 2 x einstechen. Die Applikationen der Stirn in Sand über je 1 fM hoch ebenso aufsticken. Wenn du dein Reh mit gestickten Augen haben möchtest, sticke die Augen über 3 Rd hoch und mit 4 fM Abstand zwischen den Augen auf. Nutze dazu ebenso schwarzes Filetgarn und sticke, bis die gewünschte Breite des Auges erreicht ist. Anschließend Augenweiß, Nase, Applikationen und Wangen genauso wie bei der Version mit den Sicherheitsaugen aufsticken. **(Bild 6)**

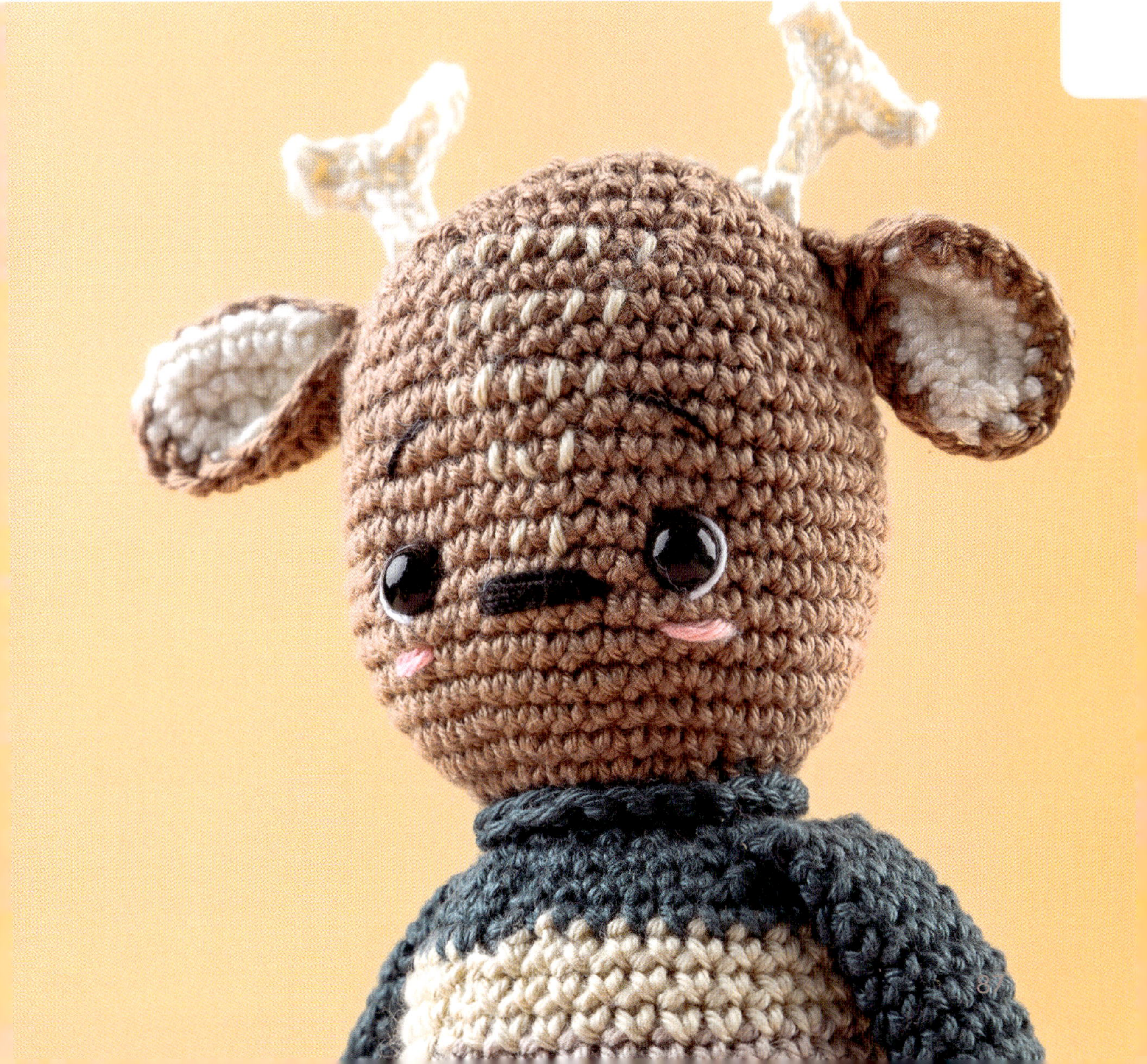

Rudi, die Robbe

Rudi liebt seine schicke Mütze. Besonders im Frühjahr, wenn die Sonne warm, aber der Wind noch zu kühl ist. Dann kuschelt er sich am Morgen voller Vorfreude in seine Mütze und freut sich auf den restlichen Tag.

Größe 14 cm

Material

Variante 1
- Wollbutt Camilla (100 % Baumwolle, LL 125 m/50 g) in
- Beige (Fb 35806), 40 g
- Rot (Fb 35442), 5 g
- Weiß (Fb 35432), 5 g

Variante 2
- Scheepjes Stonewashed (78 % Baumwolle, 22 % Acryl, LL 130 m/ 50 g) in
- Smokey Quartz (Fb 802), 40 g
- Red Jasper (Fb 807), 5 g
- Axinite (Fb 831), 4 g

Außerdem:
- Häkelnadel 2,5 mm
- Sicherheitsaugen Ø 6 mm
- Filetgarn in Schwarz und Weiß
- Füllwatte
- Stopfnadel zum Vernähen
- einen Bommel für die Mütze

SEITENFLOSSEN

(2 x in Beige oder Smokey Quartz)

Häkle in Spiral-Rd. Die Seitenflossen nicht mit Füllwatte ausstopfen.

1. Rd: 6 fM in einen Fadenring häkeln. [6]
2. Rd: 6 x 1 M zun. [12]
3. Rd: 12 fM.
4. Rd: *5 fM, 1 M zun*, von * bis * noch 1 x wdh. [14]
5.–6. Rd: 14 fM.
7. Rd: *3 fM, 2 x 1 M abn*, von * bis * noch 1 x wdh. [10]
8.–9. Rd: 10 fM.
10. Rd: *3 fM, 1 M abn*, von * bis * noch 1 x wdh. [8]

Das Ende falten und mit 4 fM zusammenhäkeln. Den Faden abschneiden und vernähen.

KÖRPER

(in Beige oder Smokey Quartz)

Häkle in Spiral-Rd. Fortlaufend mit Füllwatte ausstopfen.

1. Rd: 6 fM in einen Fadenring häkeln. [6]
2. Rd: 6 x 1 M zun. [12]

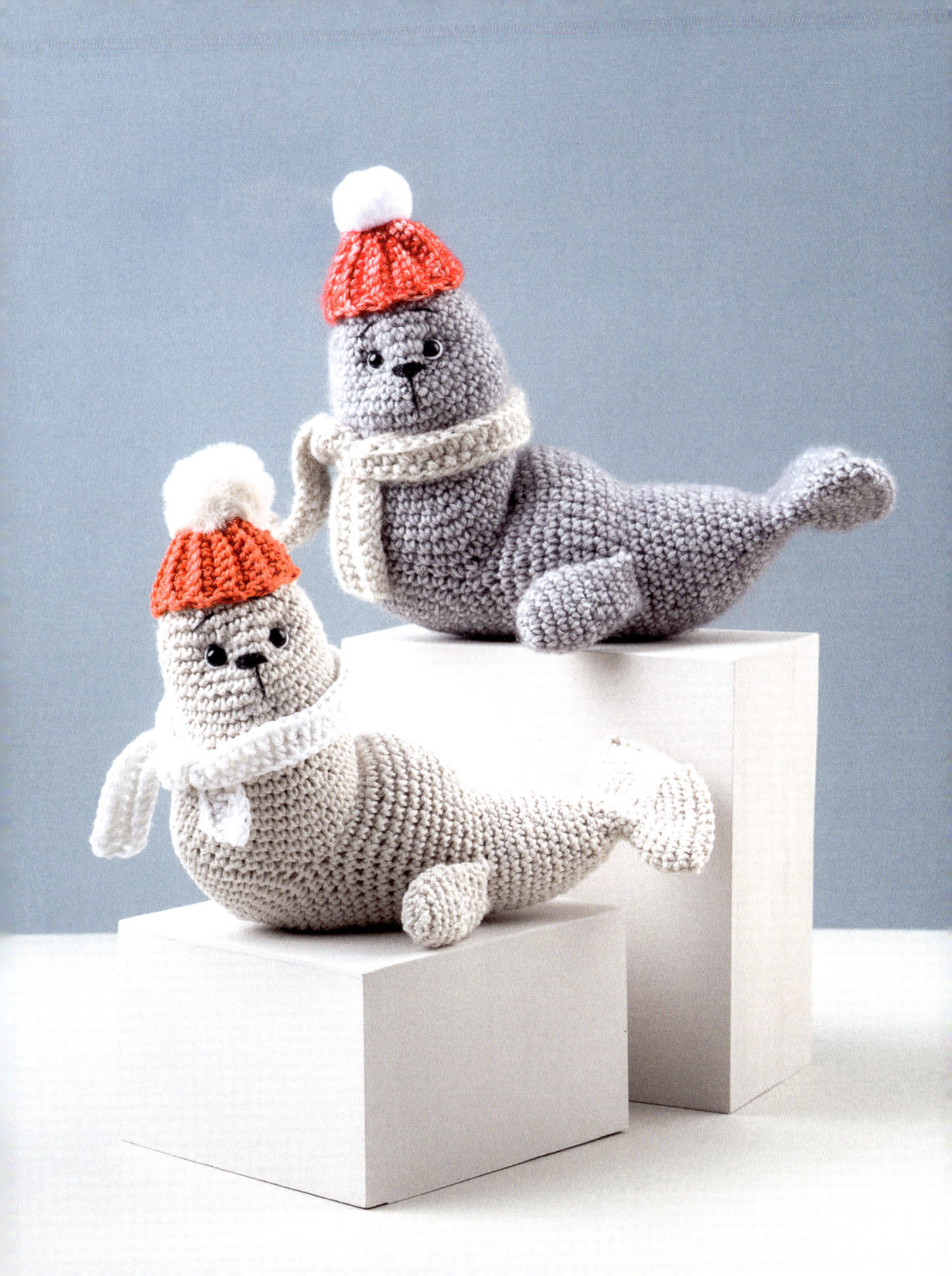

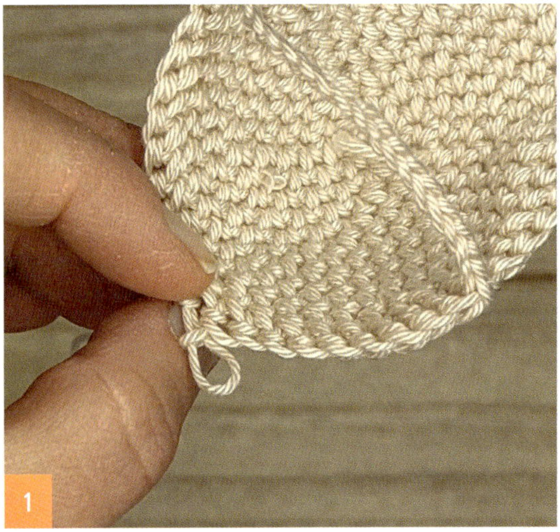
1

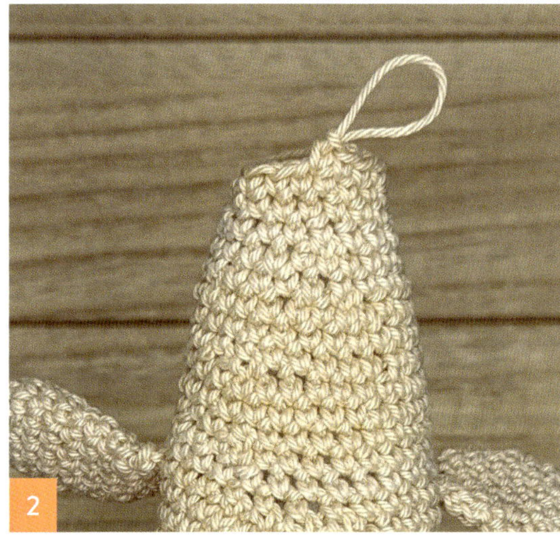
2

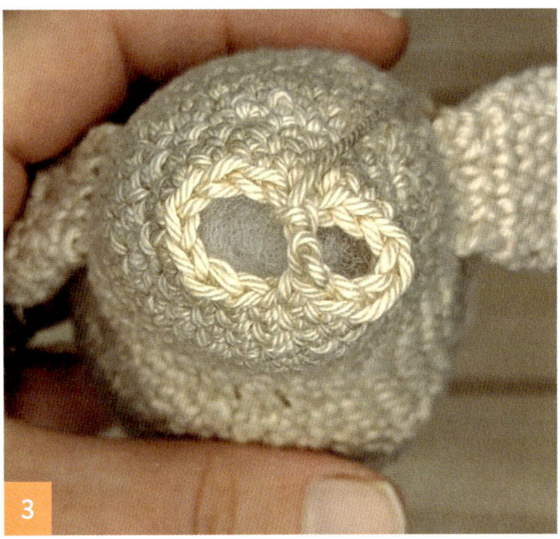
3

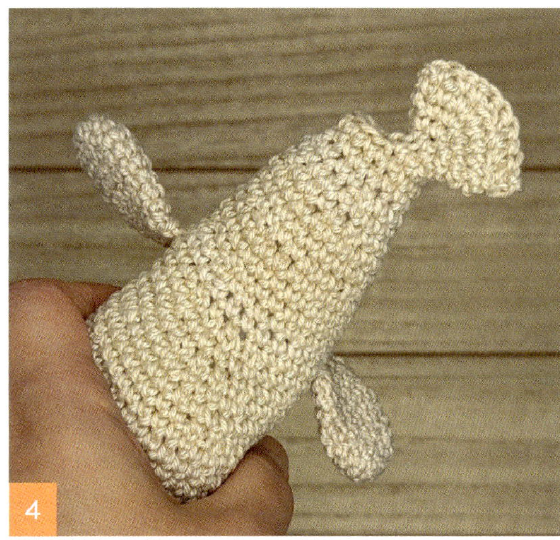
4

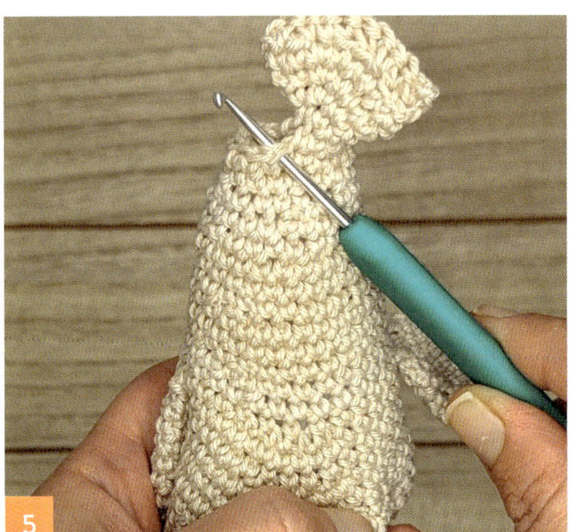
5

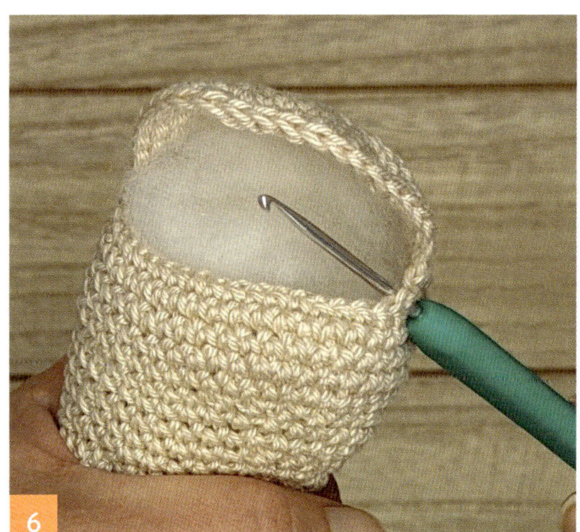
6

3. Rd: *1 fM, 1 M zun*, von * bis * noch 5x wdh. [18]
4. Rd: *2 fM, 1 M zun*, von * bis * noch 5x wdh. [24]
5. Rd: *3 fM, 1 M zun*, von * bis * noch 5x wdh. [30]
6. Rd: *4 fM, 1 M zun*, von * bis * noch 5x wdh. [36]
7. Rd: *5 fM, 1 M zun*, von * bis * noch 5x wdh. [42]
8.–9. Rd: 42 fM.
10. Rd: 11 fM, 20 Lm und 20 fM überspringen, 11 fM. [42] **(Bild 1)**
11.–15. Rd: 42 fM.
16. Rd: 17 fM, 4x1 M abn, 17 fM. [38]
17.–18. Rd: 38 fM.
19. Rd: 15 fM, 4x1 M abn, 15 fM. [34]
20. Rd: 34 fM.
In der folgenden Rd werden die Seitenflossen angehäkelt.
21. Rd: 4 fM, 4 fM durch Flossen und Körper, 5 fM, 4x1 M abn,
5 fM, 4 fM durch Flosse und Körper, 4 fM. [30]
22.–23. Rd: 30 fM.
24. Rd: *1 M abn, 13 fM *, von * bis * noch 1x wdh. [28]
25.–26. Rd: 28 fM.
27. Rd: *5 fM, 1 M abn*, von * bis * noch 3x wdh. [24]
28.–29. Rd: 24 fM.
30. Rd: *4 fM, 1 M abn*, von * bis * noch 3x wdh. [20]
31. Rd: 20 fM.
32. Rd: *3 fM, 1 M abn*, von * bis * noch 3x wdh. [16]
33.–34. Rd: 16 fM.
Es folgt die Aufteilung der Schwanzflosse. Der Rd-Anfang sollte nun oben mittig liegen. Bei Bedarf bis zu diesem Punkt weiterhäkeln. **(Bild 2)**
Falte nun die gegenüberliegenden Seiten und verbinde sie mit 1 fM. Dadurch werden die Flossen auf je 8 fM Durchmesser aufgeteilt. Weiter mit der Schwanzflosse. **(Bild 3)**

SCHWANZFLOSSE

(2x in Beige oder Smokey Quartz)
Häkle in Spiral-Rd. Die Flossen nicht mit Füllwatte ausstopfen.
1. Rd: 8 fM um die erste Öffnung. [8]
2. Rd: *2 fM, 2x1 M zun*, von * bis * noch 1x wdh. [12]
3. Rd: *4 fM, 2x1 M zun*, von * bis * noch 1x wdh. [16]
4. Rd: *6 fM, 2x1 M zun*, von * bis * noch 1x wdh. [20]
5.–7. Rd: 20 fM.
Häkle nun weitere fM bis zum Rand. Das Ende falten und mit 10 fM zusammenhäkeln. Den Faden abschneiden und vernähen. An der zweiten Öffnung anketten und die 1.–7. Rd für die zweite Flosse wdh. **(Bild 4 & 5)** Die Öffnung zwischen den Flossen mit ein paar Stichen zunähen.

HALS UND KOPF

(In Beige oder Smokey Quartz)
Häkle in Spiral-Rd. Hals und Kopf fortlaufend mit Füllwatte ausstopfen.
Den Faden seitlich an der Halsöffnung aufnehmen, wie folgt um die Öffnung häkeln. **(Bild 6)**
1.–5. Rd: 42 fM. [42]
6. Rd: *5 fM, 1 M abn*, von * bis * noch 5x wdh. [36]
7.–18. Rd: 36 fM.
19. Rd: *4 fM, 1 M abn*, von * bis * noch 5x wdh. [30]
20. Rd: 30 fM.
21. Rd: *3 fM, 1 M abn*, von * bis * noch 5x wdh. [24]

Die Augen zwischen der 17. und 18. Rd mit 6 fM Abstand befestigen.
22. Rd: *2 fM, 1 M abn*, von * bis * noch 5 x wdh. [18]
23. Rd: *1 fM, 1 M abn*, von * bis * noch 5 x wdh. [12]
24. Rd: 6 x 1 M abn. [6]
Faden abschneiden, durch alle vorderen M-Glieder fädeln, festziehen und vernähen.

DETAILS GESICHT

Vertiefe zunächst die Augen. Schneide dazu einen Faden in der Körperfarbe ab. Stich anschließend unterhalb des Kopfes ein und rechts unter dem ersten Auge wieder herauskommen. Anschließend oberhalb des Auges wieder einstechen und unterhalb des zweiten Auges wieder herauskommen. Wieder oberhalb des Auges einstechen und den Faden zu deiner ersten Einstichstelle fädeln. Ziehe nun an dem Faden und vertiefe so die Augen. Anschließend die Fäden verknoten und im Kopf vernähen. Für eine bebilderte Anleitung zum Vertiefen der Augen siehe Elefant S. 51. Anschließend das Augenweiß in weißem Filetgarn direkt neben den Augen aufsticken. Die Nase zwischen der 16. und 17. Rd über 3 fM breit in schwarzem Filetgarn aufsticken, dazu ca. 12 x einstechen. Unter der Nase mit demselben Faden noch 3 fM nach unten sticken. Die Augenbrauen ebenso in Schwarz 1 Rd über den Augen über 1 Rd hoch und 2 fM breit sticken.

MÜTZE

(in Rot oder Red Jasper)
Häkle in R. Die Arbeit wird später zusammengefügt.
9 Lm anschlagen, in die 2. Lm von der Nd aus einstechen und wie folgt häkeln:
1.–22. R: 8 fM ihM, 1 Lm, wenden. [8].
Den Faden lang abschneiden und die Enden des Häkelstücks zusammennähen. Anschließend den Faden durch alle Enden der R fädeln und die Öffnung zuziehen.

SCHAL

(in Weiß oder Axinite)
71 Lm anschlagen, in die 2. Lm von der Nd aus einstechen und wie folgt in R weiterhäkeln:
1. R: 70 fM, 2 Lm, wenden. [70]
2. R: 70 hStb ihM, 2 Lm, wenden.
3. R: 70 hStb ihM.

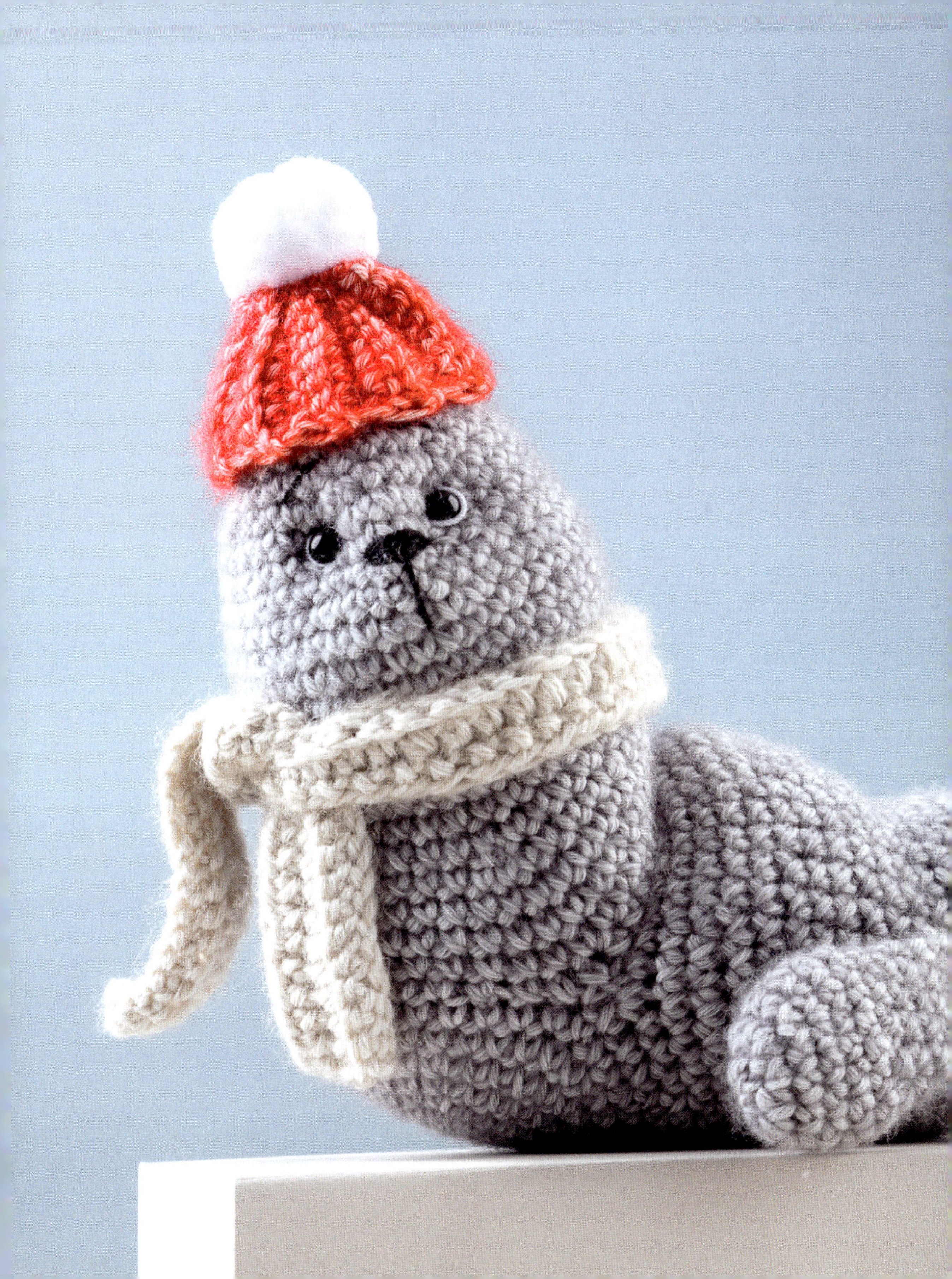

Sammy, die Schildkröte

Sammy weiß noch genau, als er das erste Foto in der Natur gemacht hat. Gemeinsam mit Diego, dem Dino, wuchs die Leidenschaft weiter. Heute, in ihrem Fotostudio, träumen sie davon, einmal einen großen Naturfilm drehen zu dürfen. „Träume groß" ist schließlich ihr Motto!

Größe 18 cm

Material

Variante 1

- Scheepjes Catona (100 % Baumwolle, LL 125 m/50 g) in
- Light Silver (Fb 172), 40 g
- Old Lace (Fb 130), 5 g
- Bluebird (Fb 247), 5 g

Variante 2

- Schachenmayr Catania (100 % Baumwolle, LL 125 m/50 g) in
- Camel (Fb 179), 5 g
- Khaki (Fb 212), 40 g
- Creme (Fb 130), 5 g

Außerdem:

- Häkelnadel 2,5 mm
- Sicherheitsaugen Ø 7 mm
- Filetgarn in Schwarz und Weiß
- Füllwatte
- Stopfnadel zum Vernähen
- Maschenmarkierer

BEINE

(2 x in Khaki oder Light Silver)

Häkle in Spiral-Rd. Nur die Füße mit Füllwatte ausstopfen.

1. Rd: 6 fM in einen Fadenring häkeln. [6]
2. Rd: 6 x 1 M zun. [12]
3. Rd: *5 fM, 1 M zun*, von * bis * noch 1 x wdh. [14]
4. Rd: *6 fM, 1 M zun*, von * bis * noch 1 x wdh. [16]

5.–8. Rd: 16 fM.

9. Rd: 4 fM, 4 x 1 M abn, 4 fM. [12]
10. Rd: 4 fM, 2 x 1 M abn, 4 fM. [10]

11.–16. Rd: 10 fM.

Das Ende falten und mit 5 fM zusammenhäkeln. Die Faltkante liegt dabei seitlich. Den Faden abschneiden und vernähen.

ARME

(2 x in Khaki oder Light Silver)

Häkle in Spiral-Rd. Nur die Fäuste mit Füllwatte ausstopfen.

1. Rd: 6 fM in einen Fadenring häkeln. [6]
2. Rd: *1 fM, 1 M zun*, von * bis * noch 2 x wdh. [9]

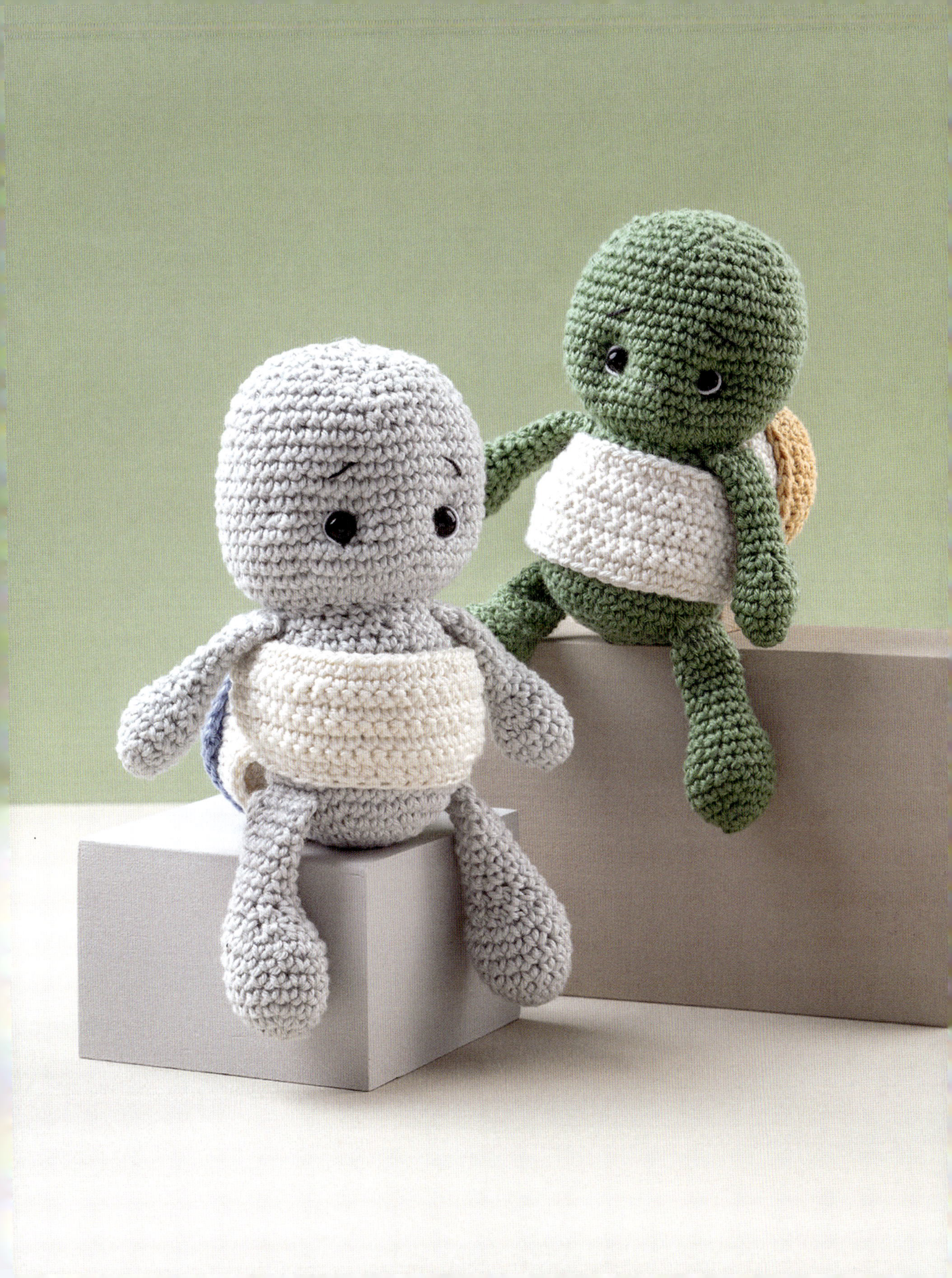

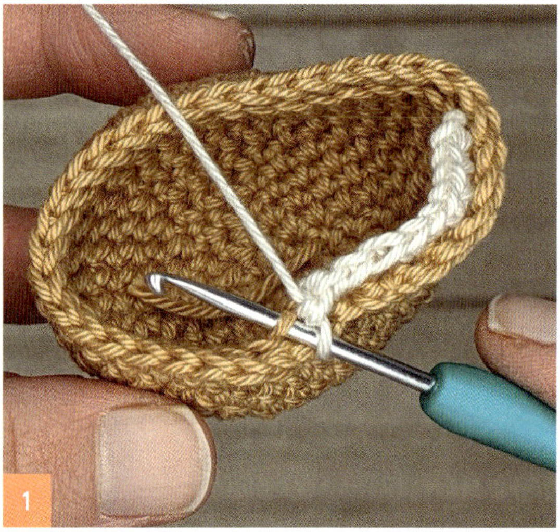
1

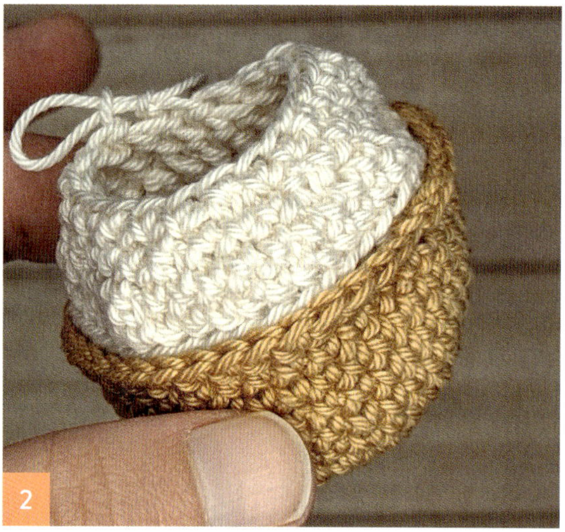
2

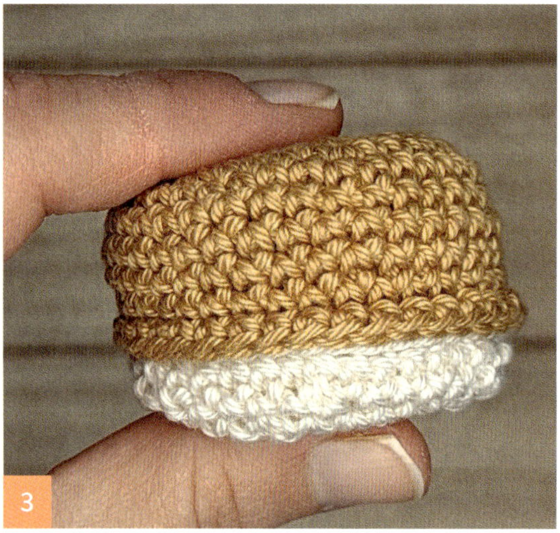
3

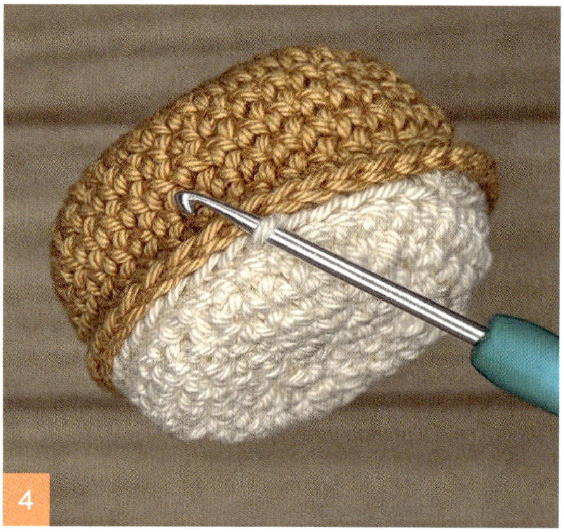
4

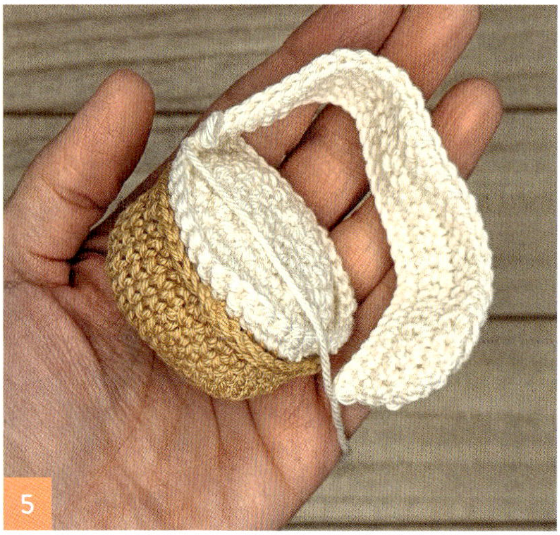
5

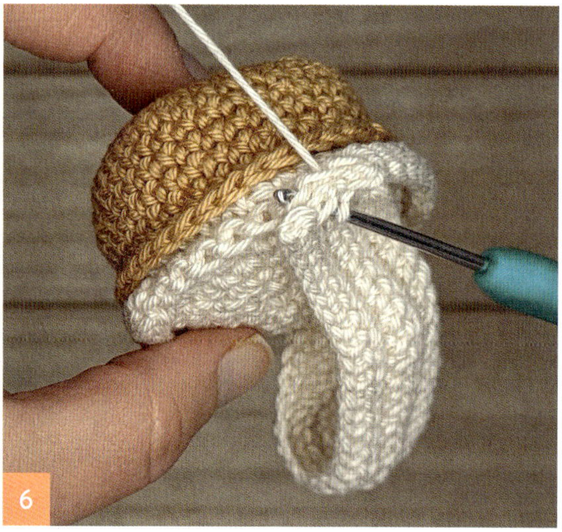
6

3. Rd: *2 fM, 1 M zun*, von * bis * noch 2 x wdh. [12]
4.–5. Rd: 12 fM.
6. Rd: 4 fM, 2 x 1 M abn, 4 fM. [10]
7. Rd: 3 fM, 2 x 1 M abn, 3 fM. [8]
8.–14. Rd: 8 fM.
Das Ende falten und mit 4 fM zusammenhäkeln. Die Faltkante liegt dabei seitlich. Den Faden abschneiden und vernähen.

KÖRPER UND KOPF

(in Khaki oder Light Silver)

Häkle in Spiral-Rd. Kopf und Körper fortlaufend mit Füllwatte ausstopfen.
1. Rd: 6 fM in einen Fadenring häkeln. [6]
2. Rd: 6 x 1 M zun. [12]
3. Rd: *1 fM, 1 M zun*, von * bis * noch 5 x wdh. [18]
4. Rd: *2 fM, 1 M zun*, von * bis * noch 5 x wdh. [24]
5. Rd: *3 fM, 1 M zun*, von * bis * noch 5 x wdh. [30]
6. Rd: *4 fM, 1 M zun*, von * bis * noch 5 x wdh. [36]
7. Rd: *13 fM, 5 fM durch Bein und Körper*, von * bis * noch 1 x wdh. [36]
8.–13. Rd: 36 fM.
14. Rd: *7 fM, 1 M abn*, von * bis * noch 3 x wdh. [32]
15. Rd: *14 fM, 1 M abn*, von * bis * noch 1 x wdh. [30]
16. Rd: 30 fM.
17. Rd: *3 fM, 1 M abn*, von * bis * noch 5 x wdh. [24]
18. Rd: *8 fM, 4 fM durch Arm und Körper*, von * bis * noch 1 x wdh. [24]
19. Rd: *2 fM, 1 M abn*, von * bis * noch 5 x wdh. [18]
20. Rd: 18 x 1 M zun. [36]
21. Rd: *5 fM, 1 M zun*, von * bis * noch 5 x wdh. [42]
22. Rd: *6 fM, 1 M zun*, von * bis * noch 5 x wdh. [48]
23.–31. Rd: 48 fM.
32. Rd: *6 fM, 1 M abn*, von * bis * noch 5 x wdh. [42]
33. Rd: 42 fM.
Befestige die Augen zwischen der 24. und 25. Rd mit 8 fM Abstand.
34. Rd: *5 fM, 1 M abn*, von * bis * noch 5 x wdh. [36]
35. Rd: *4 fM, 1 M abn*, von * bis * noch 5 x wdh. [30]
36. Rd: *3 fM, 1 M abn*, von * bis * noch 5 x wdh. [24]
37. Rd: *2 fM, 1 M abn*, von * bis * noch 5 x wdh. [18]
38. Rd: *1 fM, 1 M abn*, von * bis * noch 5 x wdh. [12]
39. Rd: 6 x 1 M abn. [6]
Faden abschneiden, durch alle vorderen M-Glieder fädeln, festziehen und vernähen.

DETAILS GESICHT

Vertiefe zunächst die Augen. Schneide dazu einen Faden in der Körperfarbe ab. Stich anschließend unterhalb des Kopfes ein und rechts unter dem ersten Auge wieder herauskommen. Anschließend oberhalb des Auges wieder einstechen und unterhalb des zweiten Auges wieder herauskommen. Wieder oberhalb des Auges einstechen und den Faden zu deiner ersten Einstichstelle fädeln. Ziehe nun an dem Faden und vertiefe so die Augen. Anschließend die Fäden verknoten und im Kopf vernähen. Für eine bebilderte Anleitung zum Vertiefen der Augen siehe Elefant S. 51. Danach das Augenweiß in weißem Filetgarn direkt neben den Augen aufsticken. Die Augenbrauen in Schwarz 2 Rd über den Augen über 1 Rd hoch und 2 fM breit sticken.

PANZER

Häkle in Spiral-Rd. Den Panzer fortlaufend, aber nicht zu fest mit Füllwatte ausstopfen.

PANZER – TEIL 1

(in Camel oder Bluebird)

1. Rd: 6 fM in einen Fadenring häkeln. [6]
2. Rd: 6 x 1 M zun. [12]
3. Rd: *1 fM, 1 M zun*, von * bis * noch 5 x wdh. [18]
4. Rd: *2 fM, 1 M zun*, von * bis * noch 5 x wdh. [24]
5. Rd: *3 fM, 1 M zun*, von * bis * noch 5 x wdh. [30]
6. Rd: *4 fM, 1 M zun*, von * bis * noch 5 x wdh. [36]

7.–11. Rd: 36 fM.
12. Rd: 36 fM ivM.
Den Faden abschneiden und vernähen. Weiter mit dem zweiten Teil.

PANZER – TEIL 2

(in Creme oder Old Lace)

Nimm den Faden ihM der letzten Rd von Teil 1 wieder auf, stich von oben nach unten ein und häkle wie folgt:
1.–2. Rd: 36 fM ihM.
3. Rd: *4 fM, 1 M abn*, von * bis * noch 5 x wdh. [30]
4. Rd: *3 fM, 1 M abn*, von * bis * noch 5 x wdh. [24]
5. Rd: *2 fM, 1 M abn*, von * bis * noch 5 x wdh. [18]
6. Rd: *1 fM, 1 M abn*, von * bis * noch 5 x wdh. [12]
7. Rd: 6 x 1M abn. [6]
Faden abschneiden, durch alle vorderen M-Glieder fädeln, festziehen und vernähen. Weiter mit dem dritten Teil. **(Bild 1–3)**

PANZER – TEIL 3

(in Creme oder Old Lace)

Nimm den Faden ivM der 2. Rd des zweiten Teils wieder auf, stich von oben nach unten ein und häkle wie folgt weiter: **(Bild 4)**
1. Rd: 36 fM ivM [36]
2. Rd: 14 fM. [14]
Die restlichen M bleiben frei, es geht in R mit dem Brustteil weiter.
3. R: 31 Lm, in die 2. Lm von der Nd aus einstechen, 30 fM entlang der Lm-Kette, 1 fM in den Panzer, 1 Lm, wenden. [31]
4. R: 30 fM, 1 Lm, wenden. [30]
5. R: 30 fM, 1 fM in den Panzer, 1 Lm, wenden. [31]
6.–7. R: wdh 1 x 4.–5. R. **(Bild 5)**
Häkle anschließend noch 10 weitere fM entlang des Panzers und 4 Km durch die andere Seite des Brustteils sowie des Panzers. **(Bild 6)**
Zum Abschluss fM rund um die erste Öffnung am Panzer häkeln, den Faden abschneiden und vernähen. Anschließend an der zweiten Öffnung anketten und ebenso fM rund um die Öffnung häkeln.

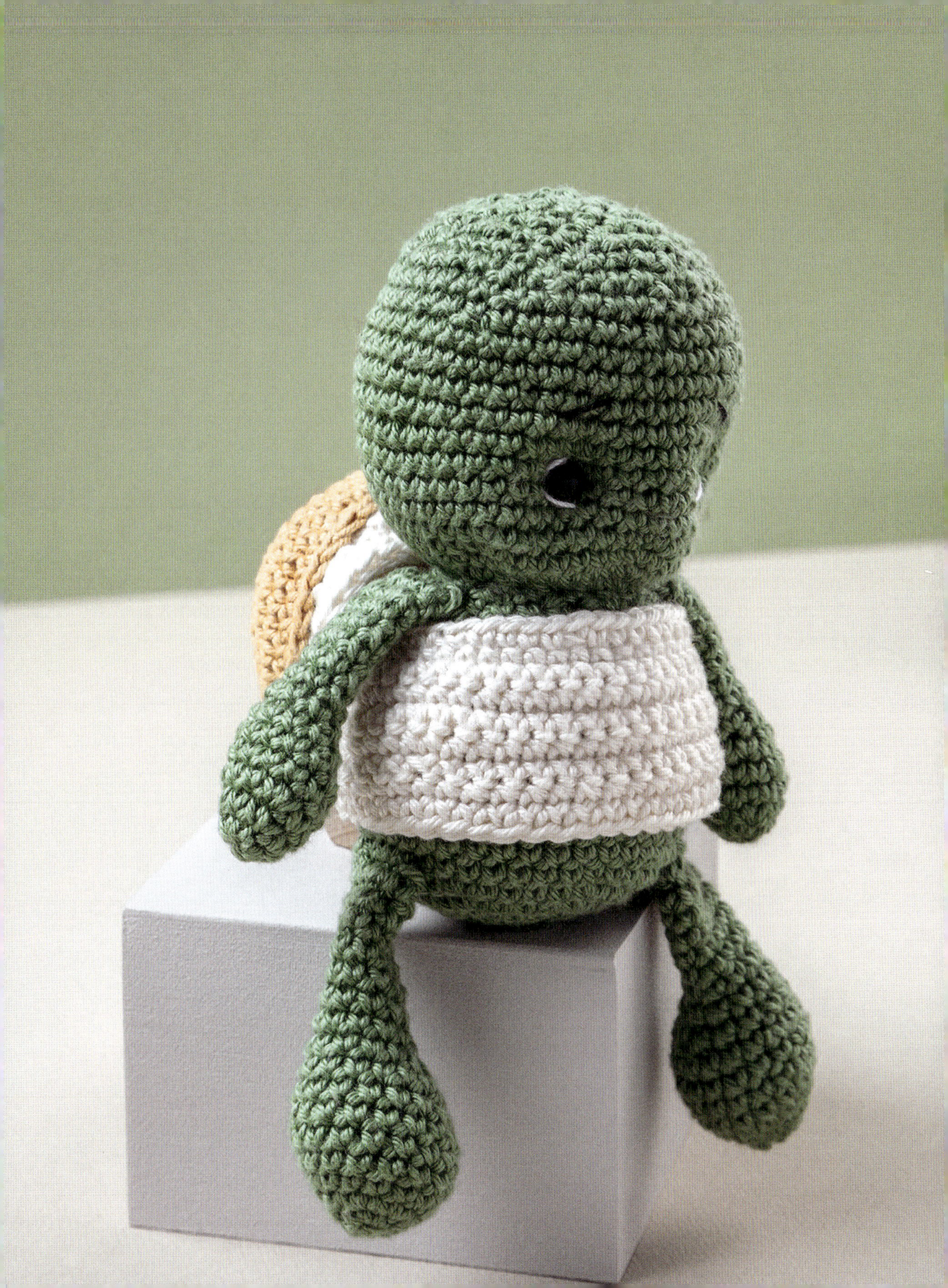

Sven, das Schnabeltier

Als junges Schnabeltier hatte Sven mit einer Identitätskrise zu kämpfen. War er jetzt ein Vogel, ein Biber oder gar etwas ganz anderes? Doch als er schließlich sein Studium der Meeresbiologie startete, lernte Sven die Welt von einer ganz anderen Seite kennen. Seither liebt er es, die Vielfalt der Meere zu erforschen und immer wieder zu lernen, wie bunt unsere Welt ist.

Größe 18 cm

Material

Variante 1

- Schachenmayr Catania (100 % Baumwolle, LL 125 m/50 g) in
- Deep Amber (Fb 438), 25 g
- Zartbitter (Fb 415), 15 g
- Curry (Fb 431), 10 g

Variante 2

- Scheepjes Stonewashed (78 % Baumwolle, 22 % Acryl, LL 130 m/ 50 g) in
- Boulder Opal (Fb 804), 30 g
- Onyx (Fb 803), 10 g
- Beryl (Fb 833). 10 g

Außerdem:

- Häkelnadel 2,5 mm
- Sicherheitsaugen Ø 8 mm
- Filetgarn in Schwarz und Weiß
- Füllwatte
- Stopfnadel zum Vernähen
- Stecknadeln zum Fixieren

SCHNABEL

(in Zartbitter oder Onyx)

Häkle in Spiral-Rd. Den Schnabel nicht mit Füllwatte ausstopfen.

11 Lm anschlagen, in die 2. Lm von der Nd aus einstechen und wie folgt um die Lm-Kette herumhäkeln:

1. Rd: 9 fM, 3 fM in 1 M, 8 fM, 1 M zun. [22]

2. Rd: 22 fM.

3. Rd: *1 M zun, 10 fM*, von * bis * noch 1 x wdh. [24]

4.–6. Rd: 24 fM.

7. Rd: *1 M abn, 10 fM*, von * bis * noch 1 x wdh. [22]

8. Rd: *1 M abn, 9 fM*, von * bis * noch 1 x wdh. [20]

9. Rd: *1 M abn, 8 fM*, von * bis * noch 1 x wdh. [18]

10. Rd: *1 M abn, 7 fM*, von * bis * noch 1 x wdh. [16]

Das Ende falten und mit 8 fM zusammenhäkeln. Den Faden abschneiden und vernähen. Den Schnabel zur Seite legen.

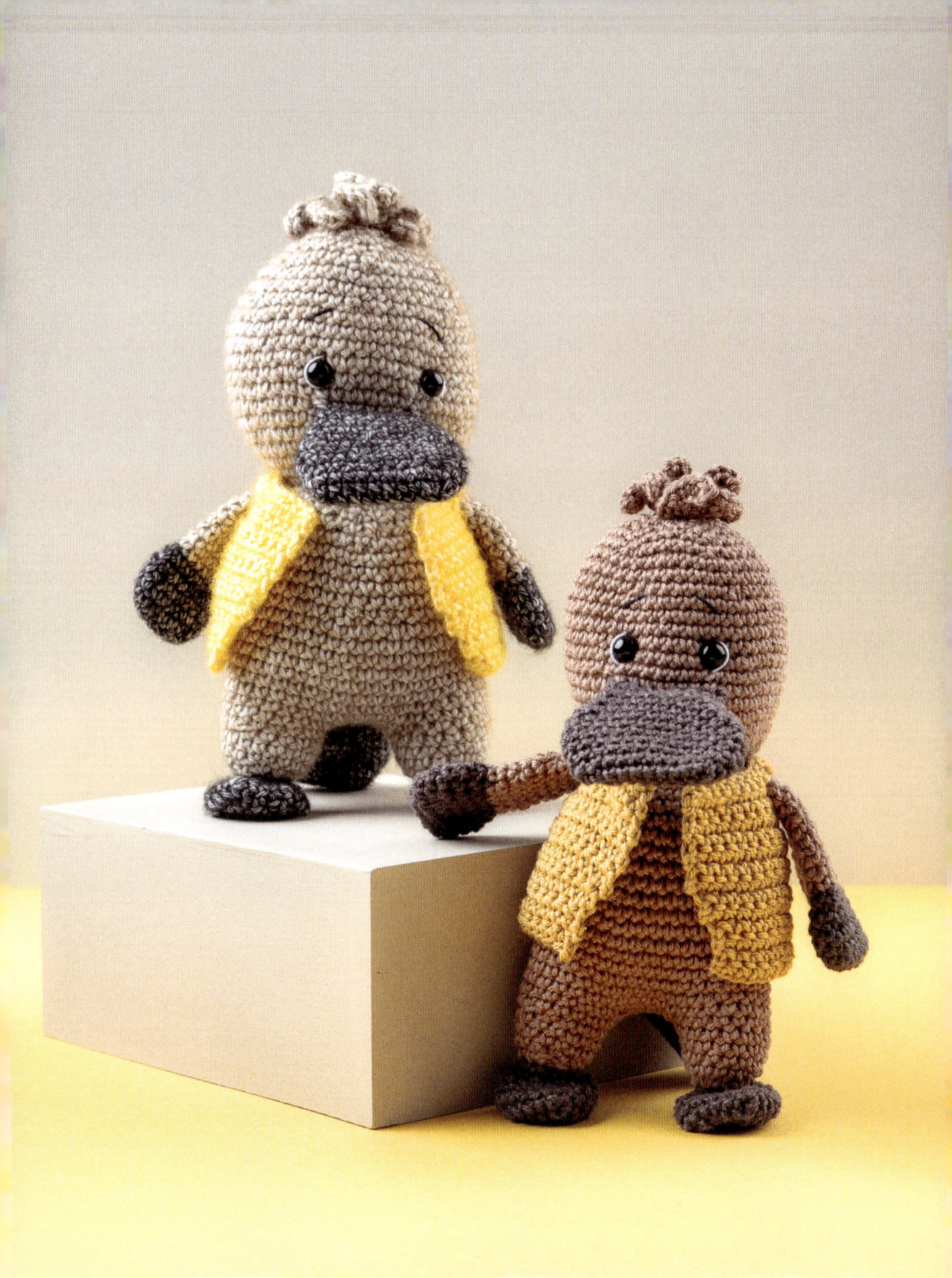

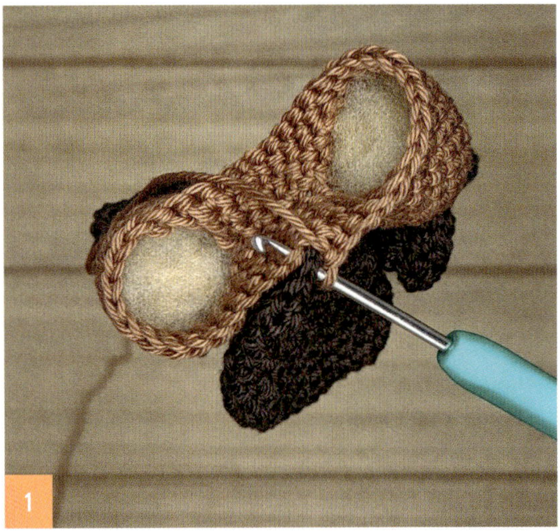

1

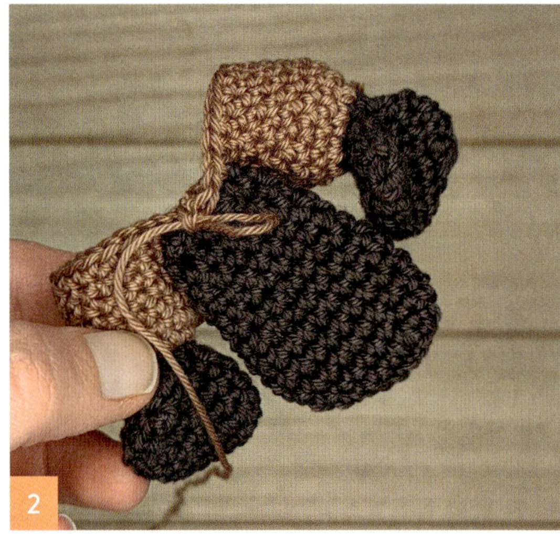

2

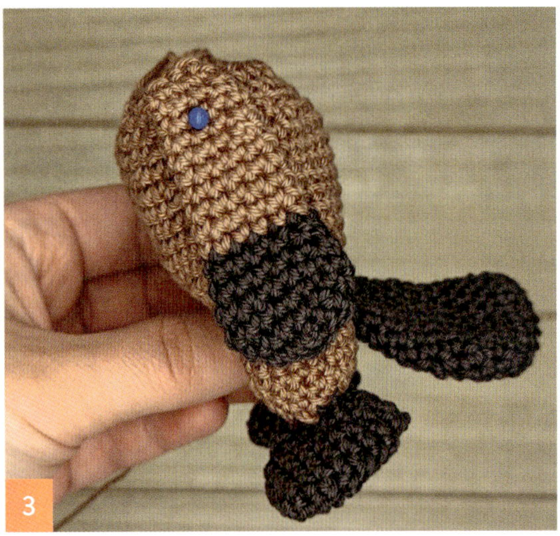

3

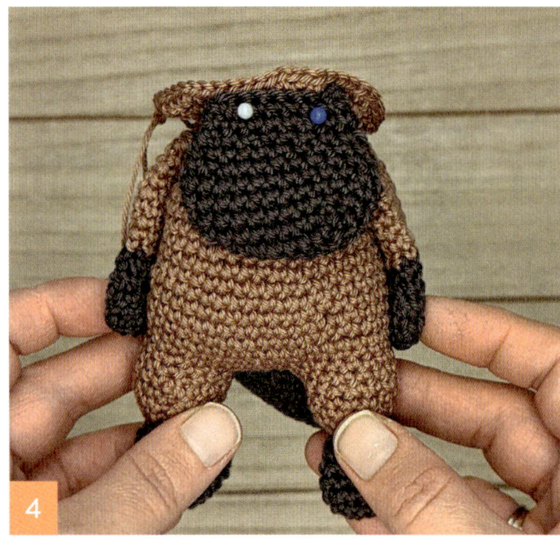

4

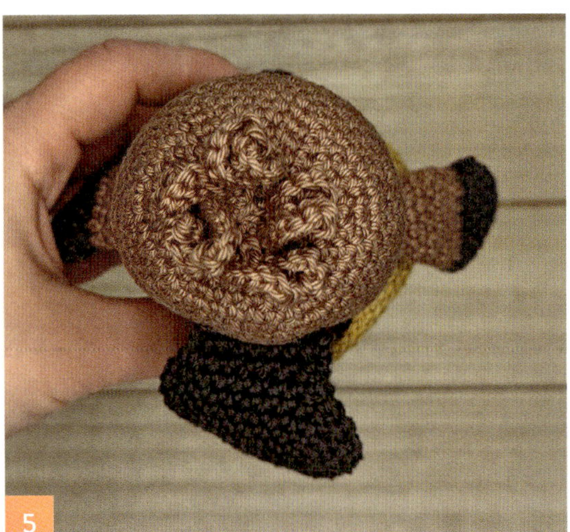

5

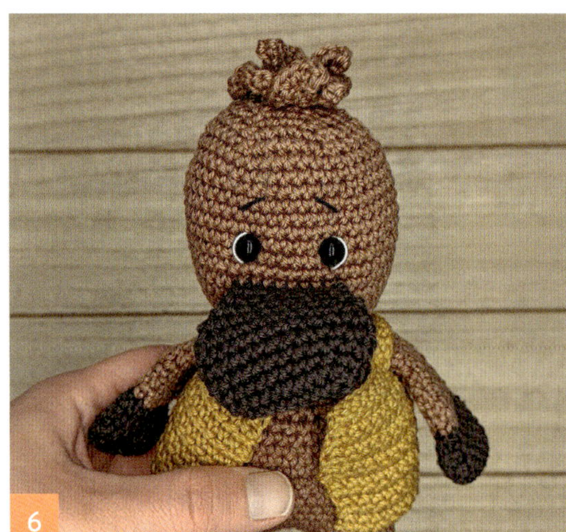

6

FLÜGEL

(2 x in Zartbitter und Deep Amber oder Onyx und Boulder Opal)

Häkle in Spiral-Rd. Die Flügel nicht mit Füllwatte ausstopfen. Beginne in Zartbitter oder Onyx.

7 Lm anschlagen, in die 2. Lm von der Nd aus einstechen und wie folgt um die Lm-Kette herumhäkeln:

1. Rd: 5 fM, 3 fM in 1 M, 4 fM, 1 M zun. [14]
2. Rd: *1 M zun, 6 fM*, von * bis * noch 1 x wdh. [16]
3.–4. Rd: 16 fM.
5. Rd: *1 M abn, 6 fM*, von * bis * noch 1 x wdh. [14]
6. Rd: *1 M abn, 5 fM*, von * bis * noch 1 x wdh. [12]

Fb-Wechsel Deep Amber oder Boulder Opal.

7.–11. Rd: 12 fM.
12. Rd: *1 M abn, 4 fM*, von * bis * noch 1 x wdh. [10]
13.–14. Rd: 10 fM.
15. Rd: *1 M abn, 3 fM*, von * bis * noch 1 x wdh. [8]

Das Ende falten und mit 4 fM zusammenhäkeln. Den Faden abschneiden und vernähen. Die Flügel zur Seite legen.

SCHWANZ

(in Zartbitter oder Onyx)

Häkle in Spiral-Rd. Den Schwanz nicht mit Füllwatte ausstopfen.

9 Lm anschlagen, in die 2. Lm von der Nd aus einstechen und wie folgt um die Lm-Kette herumhäkeln:

1. Rd: 7 fM, 3 fM in 1 M, 6 fM, 1 M zun. [18]
2.–6. Rd: 18 fM.
7. Rd: *7 fM, 1 M abn*, von * bis * noch 1 x wdh. [16]
8. Rd: *6 fM, 1 M abn*, von * bis * noch 1 x wdh. [14]
9.–10. Rd: 14 fM.
11. Rd: *5 fM, 1 M abn*, von * bis * noch 1 x wdh. [12]
12. Rd: 12 fM.
13. Rd: *4 fM, 1 M abn*, von * bis * noch 1 x wdh. [10]

Das Ende falten und mit 5 fM zusammenhäkeln. Den Faden abschneiden und vernähen.

FÜSSE

(2 x in Zartbitter oder Onyx)

Häkle in Spiral-Rd. Die Füße nicht mit Füllwatte ausstopfen.

7 Lm anschlagen, in die 2. Lm von der Nd aus einstechen und wie folgt um die Lm-Kette herumhäkeln:

1. Rd: 5 fM, 3 fM in 1 M, 4 fM, 1 M zun. [14]
2.–4. Rd: 14 fM.
5. Rd: *5 fM, 1 M abn*, von * bis * noch 1 x wdh. [12]
6. Rd: 3 fM, 3 Lm, 3 fM überspringen, 6 fM. [12]
7. Rd: 12 fM.
8. Rd: 6 x 1 M abn. [6]

Faden abschneiden, durch alle vorderen M-Glieder fädeln, festziehen und vernähen.

BEINE

(2 x in Zartbitter und Deep Amber oder Onyx und Boulder Opal)

Häkle in Spiral-Rd. Die Beine fortlaufend mit Füllwatte ausstopfen.

Den Faden seitlich an der Öffnung des Fußes in Zartbitter oder Onyx wieder aufnehmen, wie folgt rundherum häkeln:

1. Rd: 8 fM. [8]

Fb-Wechsel Deep Amber oder Boulder Opal.

2. Rd: 8 x 1 M zun. [16]
3.–5. Rd: 16 fM.

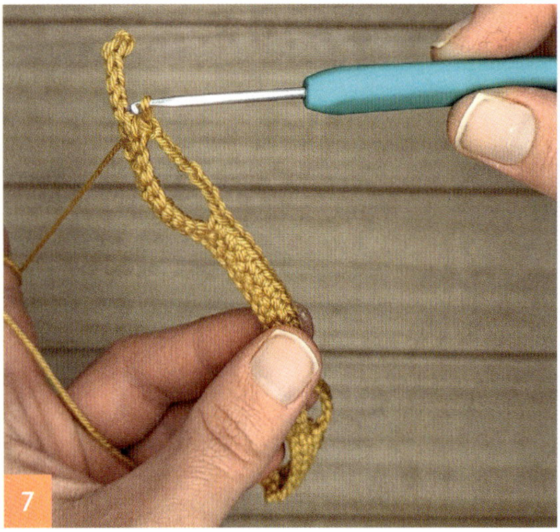

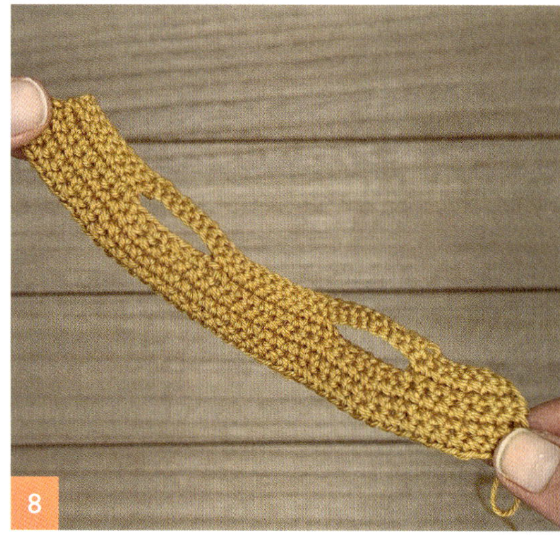

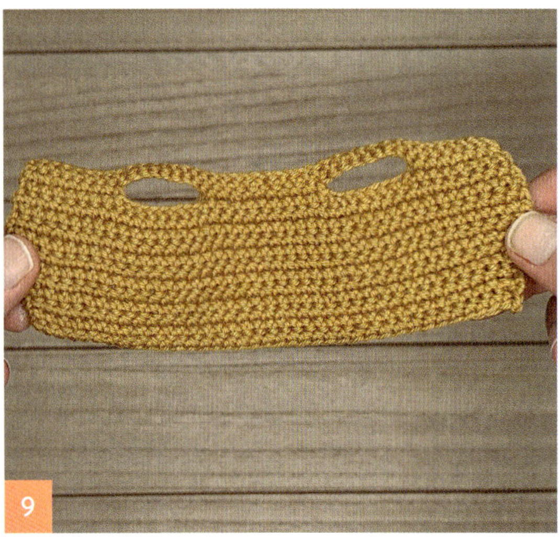

Das erste Bein abketten und den Faden vernähen. Ein zweites Bein häkeln und nicht abketten. Stattdessen fM weiterhäkeln, bis der Rd-Anfang links mittig liegt. Weiter mit dem Körper.

KÖRPER

(in Deep Amber oder Boulder Opal)

Häkle in Spiral-Rd. Den Körper fortlaufend mit Füllwatte ausstopfen.

5 Lm an das zweite Bein häkeln, in das erste Bein einstechen. Wie folgt weiterhäkeln:

1. Rd: 16 fM um das erste Bein, 5 fM in die Lm-Kette, 16 fM um das zweite Bein, 5 fM in die Lm-Kette. [42]

2.–4. Rd: 42 fM.

5. Rd: 16 fM, 5 fM durch Schwanz und Körper, 21 fM. [42] **(Bild 1 & 2)**

6.–9. Rd: 42 fM.

10. Rd: 18 fM, 1 M abn, 19 fM, 1 M abn, 1 fM. [40]

11.–14. Rd: 40 fM.

15. Rd: *8 fM, 1 M abn*, von * bis * noch 3 x wdh. [36]

16. Rd: *4 fM, 1 M abn*, von * bis * noch 5 x wdh. [30]

17. Rd: 30 fM.

18. Rd: *3 fM, 1 M abn*, von * bis * noch 5 x wdh. [24]

Die Flügel parallel zu den Beinen fixieren, um die richtige Position zu finden. **(Bild 3)**

19. Rd: 24 fM, dabei je 4 fM durch Flügel und Körper.

20. Rd: *2 fM, 1 M abn*, von * bis * noch 5 x wdh. [18]

21. Rd: 18 x 1 M zun. [36]

22. Rd: *5 fM, 1 M zun*, von * bis * noch 5 x wdh. [42]

23. Rd: *6 fM, 1 M zun*, von * bis * noch 5 x wdh. [48]

24.–25. Rd: 48 fM.
Den Schnabel vorne mittig fixieren, um die richtige Position zu finden. **(Bild 4)**
26. Rd: 48 fM, dabei je 8 fM durch Schnabel und Körper.
27.–32. Rd: 48 fM.
Die Augen 2 Rd über dem Schnabel mit 6 fM Abstand befestigen.
33. Rd: *6 fM, 1 M abn*, von * bis * noch 5 x wdh. [42]
34.–35. Rd: 42 fM.
36. Rd: *5 fM, 1 M abn*, von * bis * noch 5 x wdh. [36]
37. Rd: *4 fM, 1 M abn*, von * bis * noch 5 x wdh. [30]
38. Rd: *3 fM, 1 M abn*, von * bis * noch 5 x wdh. [24]
39. Rd: *2 fM, 1 M abn*, von * bis * noch 5 x wdh. [18]
40. Rd: *1 fM, 1 M abn*, von * bis * noch 5 x wdh. [12]
In der folgenden Rd werden die Locken oberhalb des Kopfes gehäkelt.
41. Rd: *1 fM ivM häkeln, 5 Lm, in die 2. Lm einstechen, 4 x 1 M zun*, von * bis * noch 12 x wdh. [108] **(Bild 5–6)**

Den Faden lang abschneiden, durch alle hinteren M-Glieder der letzten Rd fädeln, festziehen und vernähen. Die restliche Öffnung am Kopf mit ein paar Stichen zunähen. Das Augenweiß in weißem Filetgarn direkt neben den Augen aufsticken. Die Augenbrauen in schwarzem Filetgarn 2 Rd über den Augen über 1 Rd hoch und 2 fM breit sticken.

WESTE

(in Curry oder Beryl)
Häkle in R.
43 Lm anschlagen, in die 2. Lm von der Nd aus einstechen und wie folgt häkeln:
1. R: 42 fM, 1 Lm, wenden. [42]
2. R: 8 fM, 8 Lm, 8 fM überspringen, 10 fM, 8 Lm, 8 fM überspringen, 8 fM, 1 Lm, wenden. [42]
3.–7. R: 42 fM, 1 Lm, wenden.
8. R: 1 M abn, 38 fM, 1 M abn, 1 Lm, wenden. [40]
9. R: 40 fM, 1 Lm, wenden.
10. R: 1 M abn, 36 fM, 1 M abn, 1 Lm, wenden. [38]
11.–13. R: 38 fM, 1 Lm, wenden.
Den Faden abschneiden und vernähen, dem Schnabeltier die Weste anziehen. **(Bild 7–9)**

Ellie, die Schnecke

Feuerwehrschnecke, das wollte Ellie werden! Doch mit dem Ruf der „lahmen Schnecke“ blieb ihr das lange verwehrt. Doch Ellie kämpfte, trainierte und schaffte es schließlich vor zwei Jahren in die Feuerwehrtruppe der Stadt. Niemand hatte daran geglaubt, doch Ellie wusste, sie würde es schaffen.

Größe 20 cm

Material

Variante 1

- Gründl Cotton quick uni (100 % Baumwolle, LL 125 m/50 g) in
- Sand (Fb 102), 20 g
- Petrol (Fb 143), 15 g
- Wollweiß (Fb 132), 15 g
- Graublau (Fb 137), ein Rest

Variante 2

- Scheepjes Catona (100 % Baumwolle, LL 125 m/50 g) in
- Camel (Fb 502), 20 g
- English Tea (Fb 404), 10 g
- Silver Green (Fb 402), 25 g

Außerdem:

- Häkelnadel 2,5 mm
- Sicherheitsaugen Ø 8 mm
- Filetgarn in Schwarz und Weiß
- Füllwatte
- Stopfnadel zum Vernähen

KÖRPER

(in Sand oder Camel)

Häkle in Spiral-Rd. Den Körper fortlaufend mit Füllwatte ausstopfen.

1. Rd: 6 fM in einen Fadenring häkeln. [6]

2. Rd: 6 x 1 M zun. [12]

3. Rd: *1 fM, 1 M zun*, von * bis * noch 5 x wdh. [18]

4.–25. Rd: 18 fM.

26. Rd: 5 fM, 8 Lm, 8 fM überspringen, in die 9. M einstechen, 5 fM. [18]

27. Rd: 5 fM, 8 fM in die Lm-Kette, 5 fM. [18]

28. Rd: *1 fM, 1 M abn*, von * bis * noch 5 x wdh. [12]

29. Rd: 6 x 1 M abn. [6]

Den Faden abschneiden, durch alle vorderen M-Glieder der letzten Rd fädeln, festziehen und vernähen.

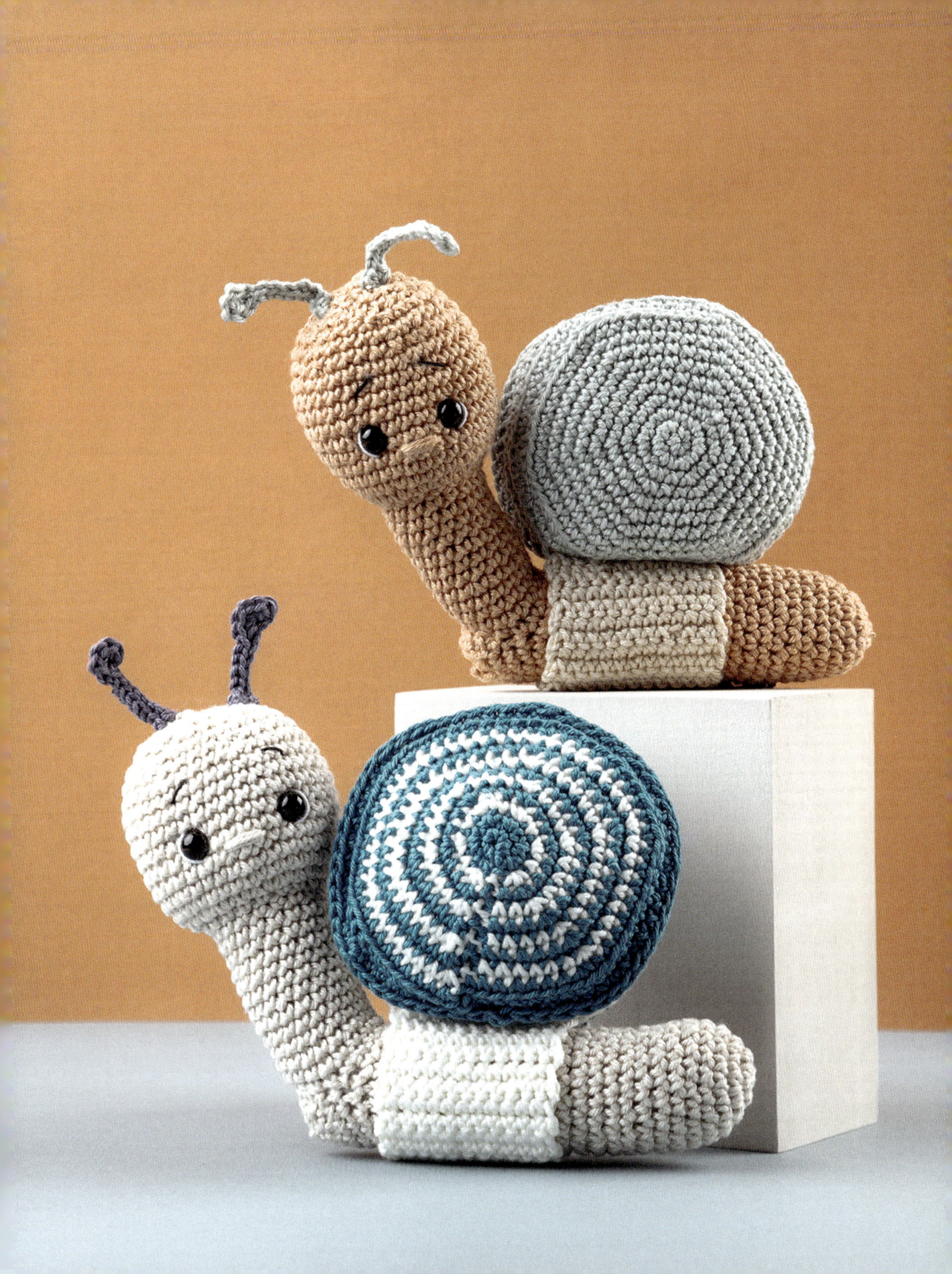

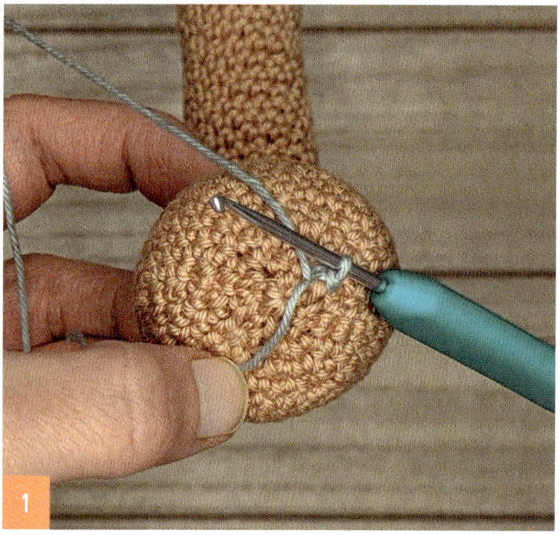
1

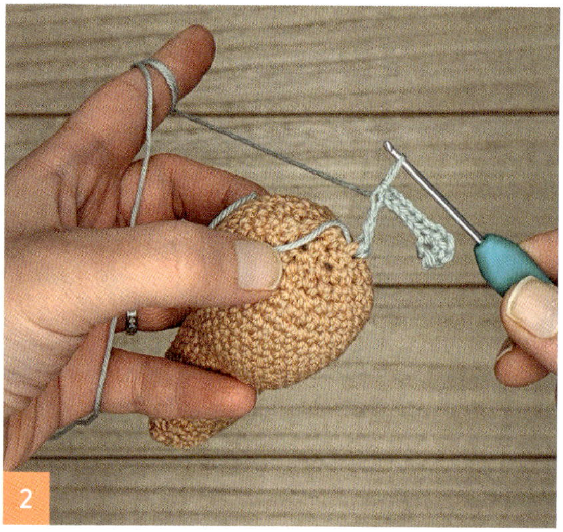
2

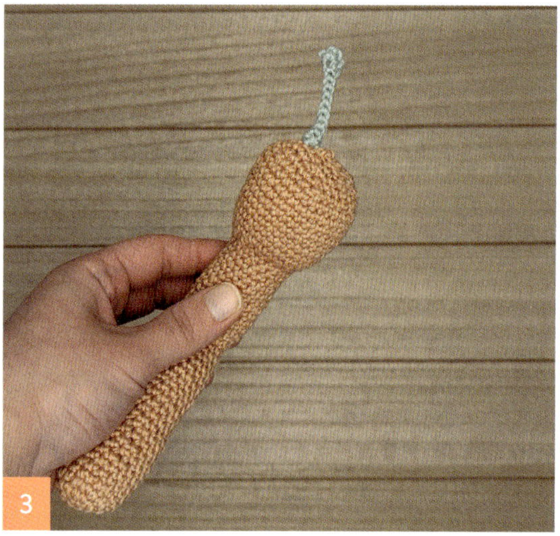
3

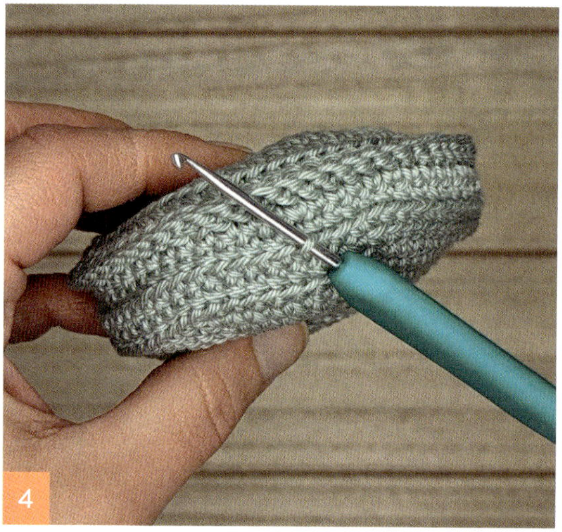
4

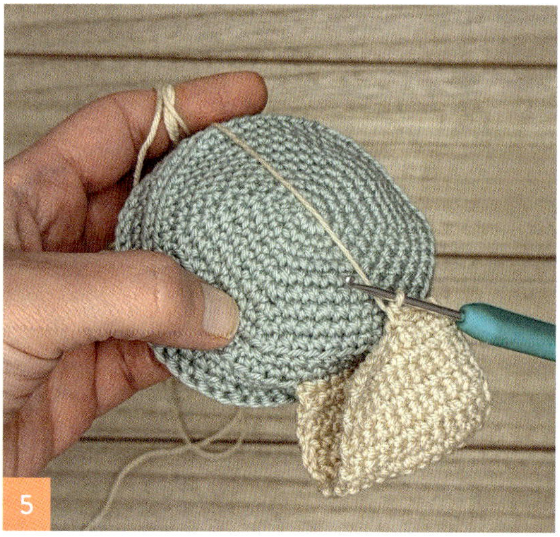
5

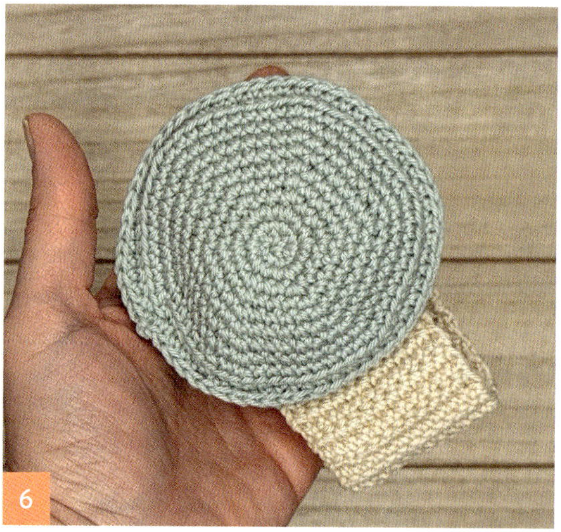
6

HALS UND KOPF

(in Sand oder Camel)

Häkle in Spiral-Rd. Hals und Kopf fortlaufend mit Füllwatte ausstopfen.

Kette an einer M an der Öffnung des Körpers an, häkle wie folgt um die Öffnung herum:

1.–14. Rd: 18 fM.

15. Rd: 18 x 1 M zun. [36]

16.–24. Rd: 36 fM.

25. Rd: *4 fM, 1 M abn*, von * bis * noch 5 x wdh. [30]

26. Rd: 30 fM.

Befestige die Augen zwischen der 19. und 20. Rd mit 5 fM Abstand. Der Blick sollte dabei zur Seite gerichtet sein.

27. Rd: *3 fM, 1 M abn*, von * bis * noch 5 x wdh. [24]

28. Rd: *2 fM, 1 M abn*, von * bis * noch 5 x wdh. [18]

29. Rd: *1 fM, 1 M abn*, von * bis * noch 5 x wdh. [12]

30. Rd: 6 x 1 M abn. [6]

Den Faden abschneiden, durch alle vorderen M-Glieder der letzten Rd fädeln, festziehen und vernähen.

FÜHLER

(2 x in Petrol oder Silver Green)

Häkle in R.

Den Faden ca. 9 Rd über dem Auge in 1 M am Kopf wieder aufnehmen, 1 Km in den Kopf zum Fixieren häkeln, wie folgt weiter **(Bild 1)**:

1. R: 11 Lm, in die 2. Lm von der Nd aus einstechen und 5 fM in 1 M häkeln, 9 km entlang der Lm-Kette, 1 Km in den Kopf.

Den Faden abschneiden und vernähen. Für den zweiten Fühler noch einmal wdh. Anschließend das Augenweiß direkt neben den Augen aufsticken, die Nase im Hautton zwischen der 5. und 6. Rd über 3 fM breit sticken, dazu ca. 4 x einstechen. Die Augenbrauen in schwarzem Filetgarn 2 Rd über den Augen über 1 Rd hoch und 2 fM breit sticken. **(Bild 2–3)**

SCHNECKENHAUS

(in Petrol und Wollweiß oder Silvergreen)

Häkle in Spiral-Rd. Das Schneckenhaus locker mit Füllwatte ausstopfen. Bei dem Haus in Silvergreen wird kein Fb-Wechsel gehäkelt.

1. Rd: 6 fM in einen Fadenring häkeln. [6]

2. Rd: 6 x 1 M zun. [12]

Fb-Wechsel Wollweiß.

3. Rd: *1 fM, 1 M zun*, von * bis * noch 5 x wdh. [18]

Fb-Wechsel Petrol.

4. Rd: *2 fM, 1 M zun*, von * bis * noch 5 x wdh. [24]

Fb-Wechsel Wollweiß.

5. Rd: *3 fM, 1 M zun*, von * bis * noch 5 x wdh. [30]

Fb-Wechsel Petrol.

6. Rd: *4 fM, 1 M zun*, von * bis * noch 5 x wdh. [36]

Fb-Wechsel Wollweiß.

7. Rd: *5 fM, 1 M zun*, von * bis * noch 5 x wdh. [42]

Fb-Wechsel Petrol.

8. Rd: *6 fM, 1 M zun*, von * bis * noch 5 x wdh. [48]

Fb-Wechsel Wollweiß.

9. Rd: *7 fM, 1 M zun*, von * bis * noch 5 x wdh. [54]

Fb-Wechsel Petrol.

10. Rd: *8 fM, 1 M zun*, von * bis * noch 5 x wdh. [60]

11. Rd: 60 fM ihM.

Fb-Wechsel Wollweiß.

12. Rd: 60 fM.

13. Rd: 60 fM ihM.

Fb-Wechsel Petrol.

14. Rd: 60 fM.

Abketten, den Faden abschneiden und vernähen. Ein zweites Teil für das Schneckenhaus häkeln. Wiederhole dazu die 1.–11. Rd noch einmal. Den zweiten Teil jedoch nicht abketten. Lege stattdessen am Ende beide Teile rücklings aufeinander, stich durch beide Schichten hindurch und häkle sie mit 60 fM zusammen. Währenddessen leicht mit Füllwatte ausstopfen. Den Faden abschneiden und vernähen. Weiter mit dem Gürtel.

GÜRTEL

(in Wollweiß oder Sand)

Häkle in R.

Mittig in einem der vorderen M-Gliedern des Schneckenhauses den Faden wieder aufnehmen, wie folgt weiterhäkeln: **(Bild 4)**

1.–22. R: 12 fM, 1 Lm. wenden.

Den Gürtel anschließend mittig falten und in die gegenüberliegenden vorderen M-Glieder am Schneckenhaus einstechen. Dabei sollte es sich um die vorderen M-Glieder aus der 11. Rd der zweiten Scheibe handeln. Häkle anschließend 12 fM und verbinde so Haus und Gürtel miteinander. **(Bild 5–6)** Den Faden abschneiden und vernähen, das Schneckenhaus anziehen.

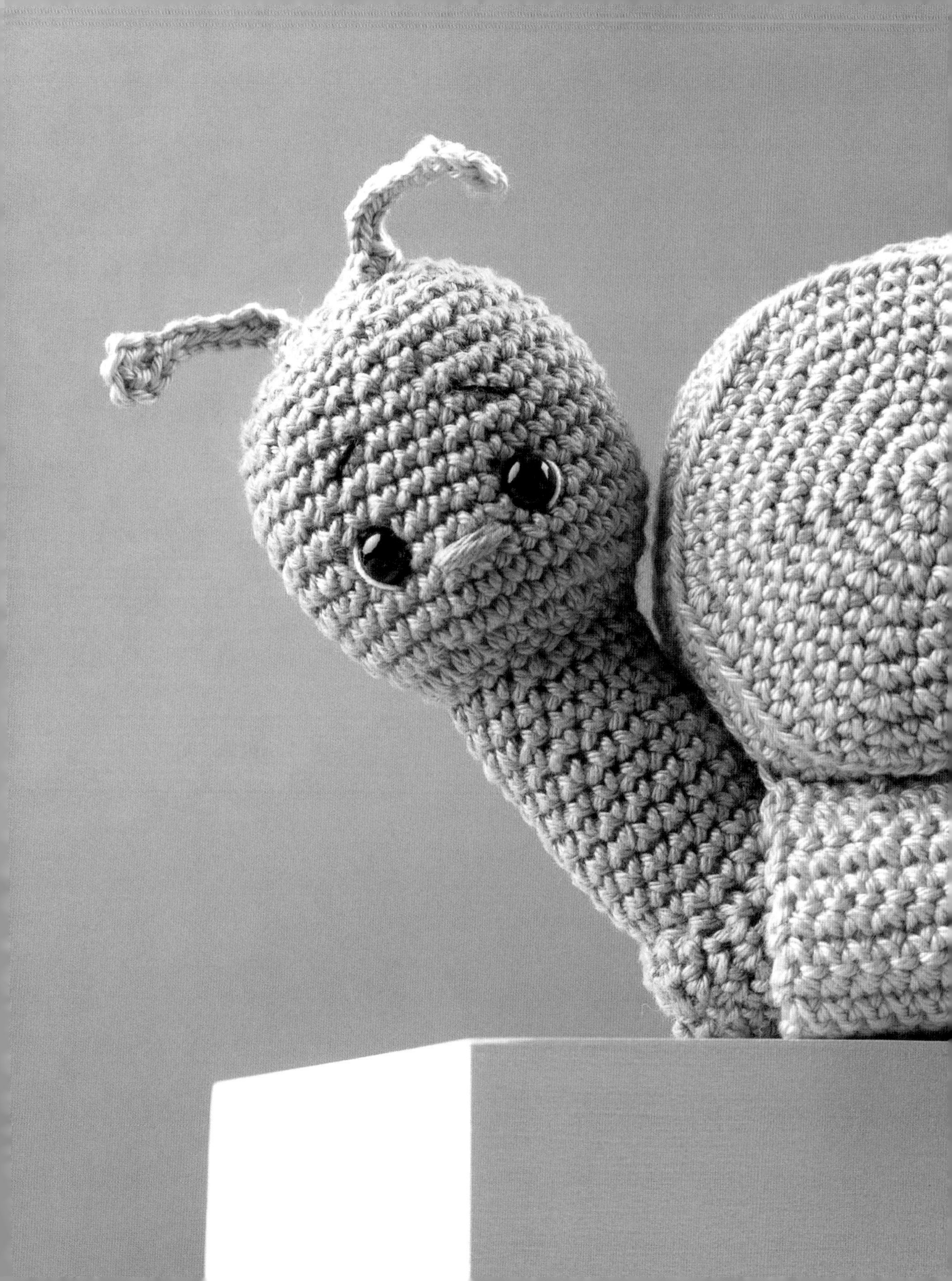

Valentin, der Wal

Ein Party-Wal war Valentin nie. Immer wenn er eingeladen wurde, freute er sich mehr darauf, nach der Feier mit einem guten Buch zu Hause zu verschwinden und in den Geschichten zu versinken. Denn dann spürt er das tiefe Glück bis in die Flossen!

Größe 11 cm

Material

Variante 1

- Gründl Eco Cotton (100 % Baumwolle, LL 105 m/50 g) in
- Natur (Fb 04), 30 g

Variante 2

- Schachenmayr Catania (100 % Baumwolle, LL 125 m/50 g) in
- Serenity (Fb 180), 25 g

Außerdem:

- Häkelnadel 2,5 mm
- Sicherheitsaugen Ø 8 mm
- Filetgarn in Schwarz und Weiß
- Füllwatte
- Stopfnadel zum Vernähen
- Stecknadeln

SEITENFLOSSEN

(2 x in Natur oder Serenity)

Häkle in Spiral-Rd. Die Seitenflossen nicht mit Füllwatte ausstopfen.

1. Rd: 6 fM in einen Fadenring häkeln. [6]
2. Rd: 6 x 1 M zun. [12]
3. Rd: *5 fM, 1 M zun*, von * bis * noch 1 x wdh. [14]
4. Rd: 14 fM.
5. Rd: *3 fM, 2 x 1 M abn*, von * bis * noch 1 x wdh. [10]
6. Rd: *3 fM, 1 M abn*, von * bis * noch 1 x wdh. [8]

Das Ende falten und mit 4 fM zusammenhäkeln. Den Faden abschneiden und vernähen.

KOPF UND KÖRPER

(in Natur oder Serenity)

Häkle in Spiral-Rd. Fortlaufend mit Füllwatte ausstopfen.

1. Rd: 6 fM in einen Fadenring häkeln. [6]
2. Rd: 6 x 1 M zun. [12]
3. Rd: *1 fM, 1 M zun*, von * bis * noch 5 x wdh. [18]
4. Rd: *2 fM, 1 M zun*, von * bis * noch 5 x wdh. [24]
5. Rd: *3 fM, 1 M zun*, von * bis * noch 5 x wdh. [30]

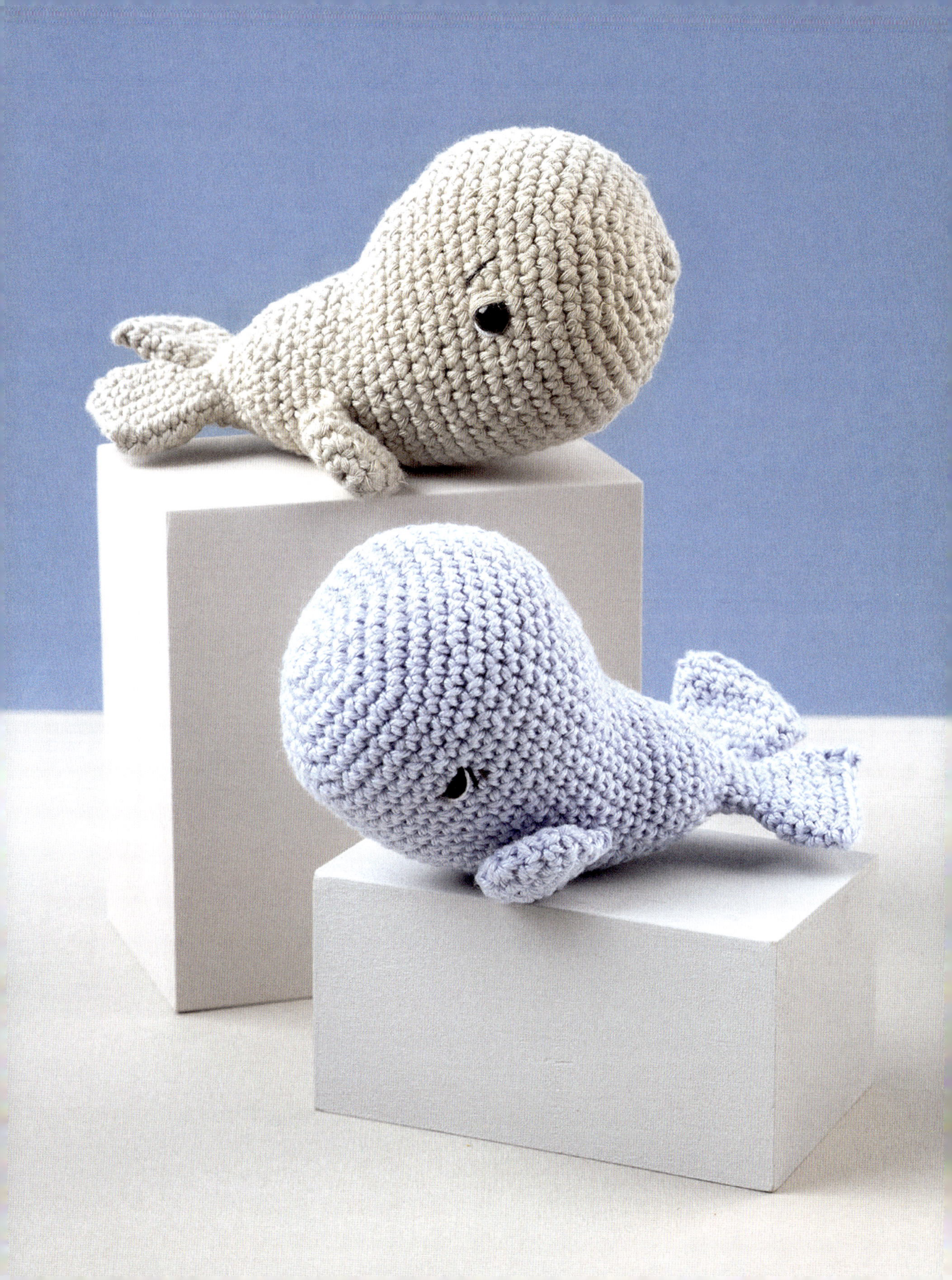

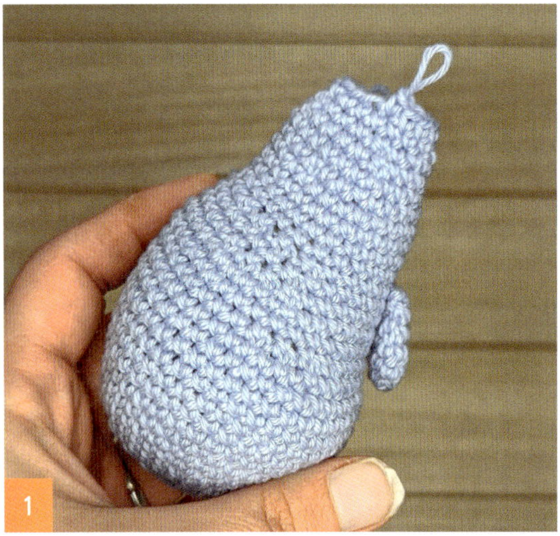
1

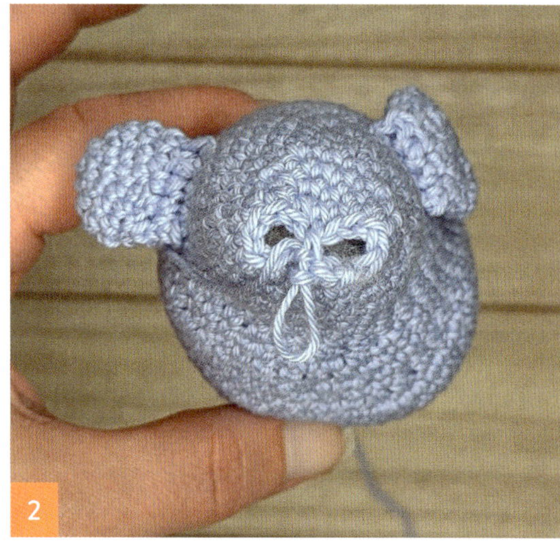
2

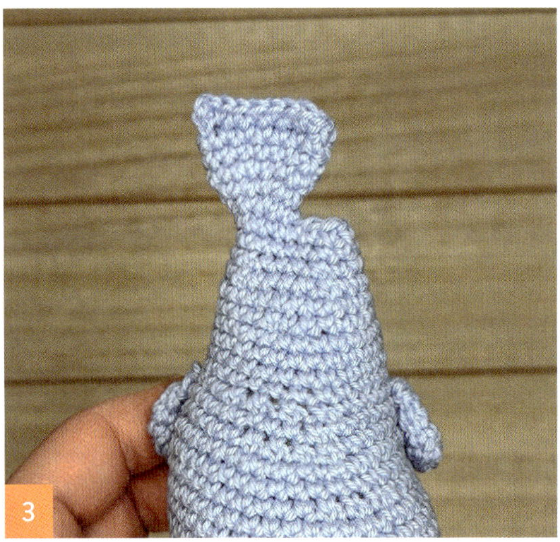
3

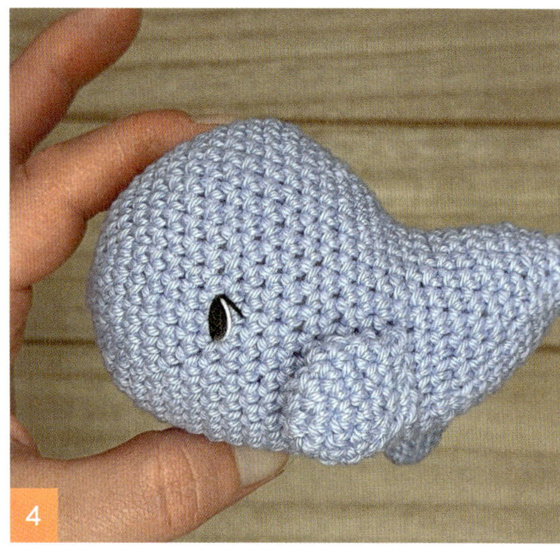
4

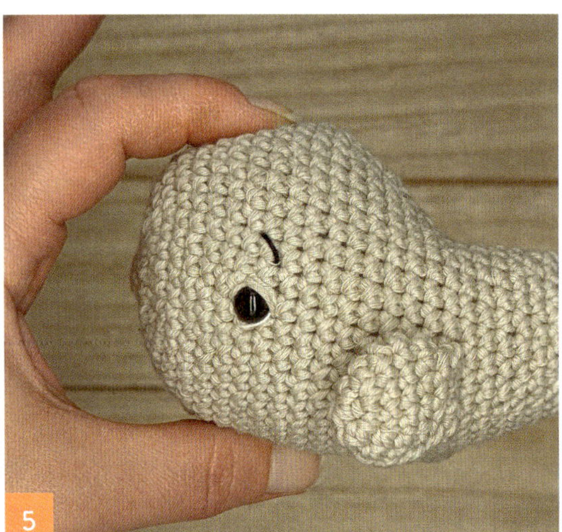
5

6. Rd: *4 fM, 1 M zun*, von * bis * noch 5 x wdh. [36]
7. Rd: *5 fM, 1 M zun*, von * bis * noch 5 x wdh. [42]
8.–16. Rd: 42 fM.
17. Rd: 17 fM, 4 x 1 M abn, 17 fM. [38]
18.–19. Rd: 38 fM.
20. Rd: 15 fM, 4 x 1 M abn, 15 fM. [34]
21. Rd: 34 fM.
In der folgenden Rd werden die Seitenflossen eingehäkelt.
22. Rd: 4 fM, 4 fM durch Flossen und Körper, 5 fM, 4 x 1 M abn,
5 fM, 4 fM durch Flosse und Körper, 4 fM. [30]
Tipp: Um sicherzustellen, dass die Flossen die richtige Position haben, kannst du sie auch vor dem Einhäkeln mit Stecknadeln fixieren.
23.–24. Rd: 30 fM.
Die Augen zwischen der 12. und 13. Rd mit 14 fM Abstand befestigen.
25. Rd: *1 M abn, 13 fM*, von * bis * noch 1 x wdh. [28]
26. Rd: 28 fM.
27. Rd: *5 fM, 1 M abn*, von * bis * noch 3 x wdh. [24]
28. Rd: *3 fM, 1 M abn*, von * bis * noch 3 x wdh. [16]
29.–32. Rd: 16 fM.
Es folgen die hinteren Flossen. Der Rd-Anfang sollte nun oben mittig liegen. Gegebenenfalls bis zu diesem Punkt ein paar fM wieder auftrennen. **(Bild 1)** Falte die gegenüberliegenden Seiten und verbinde sie mit 1 fM. **(Bild 2)** Das Ende wird so auf zwei Öffnungen mit je 8 fM Durchmesser aufgeteilt. Weiter mit der ersten Rückenflosse. Beide Flossen nicht mit Füllwatte ausstopfen.
33. Rd: 8 fM rund um die erste Öffnung. [8]
34. Rd: *2 fM, 2 x 1 M zun*, von * bis * noch 1 x wdh. [12]
35. Rd: *4 fM, 2 x 1 M zun*, von * bis * noch 1 x wdh. [16]
36.–38. Rd: 16 fM.
Das Ende falten und mit 8 fM zusammenhäkeln. Die Faltkante der Flosse liegt dabei seitlich. Bei Bedarf noch fM bis zu diesem Punkt häkeln. Den Faden abschneiden und vernähen. **(Bild 3)** Kette anschließend den Faden bei der zweiten Öffnung an und wiederhole die 33.–38. Rd für die zweite Flosse. Achte darauf, dass auch hier am Ende die Faltkante seitlich liegt.

GESICHT

Bei gestickten Augen:
Sticke die Augen in schwarzem Filetgarn zwischen der 12. und 13. Rd mit 25 fM Abstand dazwischen auf. Die Höhe der Augen beträgt 2 fM. Stich dazu ca. 10 x ein um die passende Form für die Augen zu erreichen. Anschließend das Augenweiß in weißem Filetgarn direkt neben den Augen sticken. Das Augenlid in Schwarz direkt über das Auge sticken.
Bei Sicherheitsaugen:
Das Augenweiß direkt neben das Auge sticken, danach das Augenlid in der Hauptfarbe direkt über das Auge sticken, stich dazu zweimal ein. Die Augenbrauen in schwarzem Filetgarn 1 Rd über den Augen über 1 Rd hoch und 1 fM breit sticken. **(Bild 4 & 5)**

Viktor, der Wolf

Für ein Wolfsleben wären seine Arme und Beine zu lang, hieß es immer. Doch Viktor ließ sich davon nicht unterkriegen. Er studierte einen aufregenden Trick ein! Fortan war er mit Hermine, der Biene, und Mathilda, dem Marienkäfer, unterwegs und verknotet seine Arme und Beine bei der Zaubershow durch Europa.

Größe 20 cm

Material

Variante 1

- Gründl Eco Cotton (100 % Baumwolle, LL 105 m/50 g) in
- Naturweiß (Fb 01), 30 g
- Pastell Schlamm (Fb 08), 50 g

Variante 2

- Scheepjes Stonewashed (78 % Baumwolle, 22 % Acryl, LL 130 m/ 50 g) in
- Smokey Quartz (Fb 802), 50 g
- Moon Stone (Fb 801), 10 g

Außerdem:

- Häkelnadel 2,5 mm
- Sicherheitsaugen Ø 8 mm
- Filetgarn in Schwarz und Weiß
- Füllwatte
- Stopfnadel zum Vernähen
- Maschenmarkierer

OHREN

(2 x in Pastell Schlamm, Naturweiß oder Smokey Quartz, Moon Stone)

Häkle in Spiral-Rd. Beginne in Naturweiß oder Moon Stone. Die Ohren nicht mit Füllwatte ausstopfen.

1. Rd: 6 fM in einen Fadenring häkeln. [6]
2. Rd: 6 fM.
3. Rd: *2 fM, 1 M zun*, von * bis * noch 1 x wdh. [8]
4. Rd: *3 fM, 1 M zun*, von * bis * noch 1 x wdh. [10]
5. Rd: *4 fM, 1 M zun*, von * bis * noch 1 x wdh. [12]
6. Rd: *4 fM, 2 x 1 M zun*, von * bis * noch 1 x wdh. [16]
7. Rd: *6 fM, 2 x 1 M zun*, von * bis * noch 1 x wdh. [20]
8. Rd: 20 fM.
9. Rd: *8 fM, 2 x 1 M zun*, von * bis * noch 1 x wdh. [24]
10. Rd: 24 fM.
11. Rd: *10 fM, 2 x 1 M zun*, von * bis * noch 1 x wdh. [28]
12. Rd: 28 fM.

Das Ende falten und mit 14 fM zusammen-

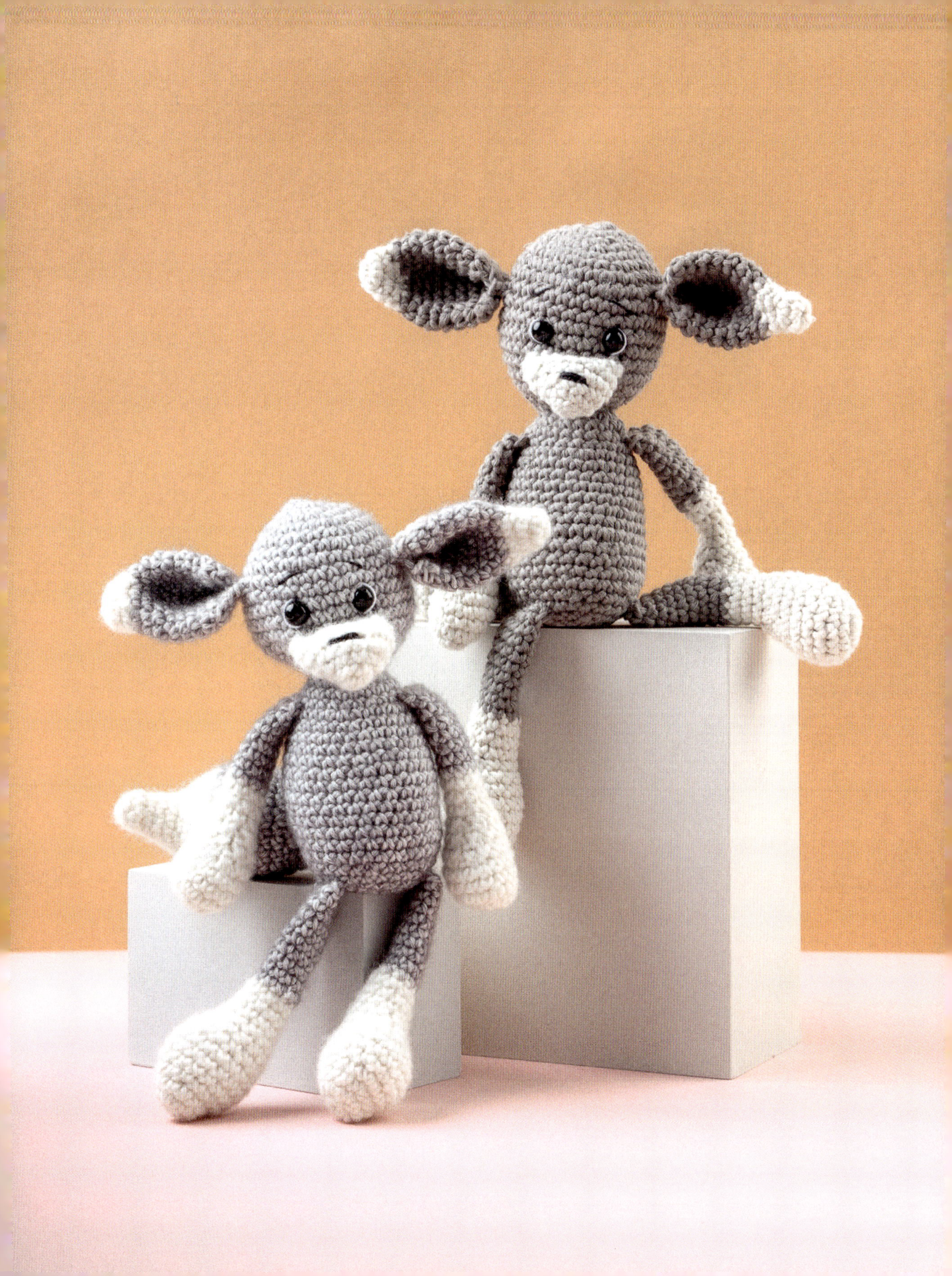

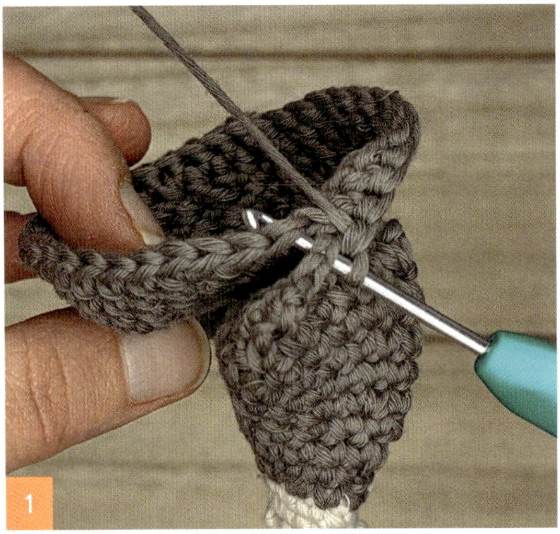
1

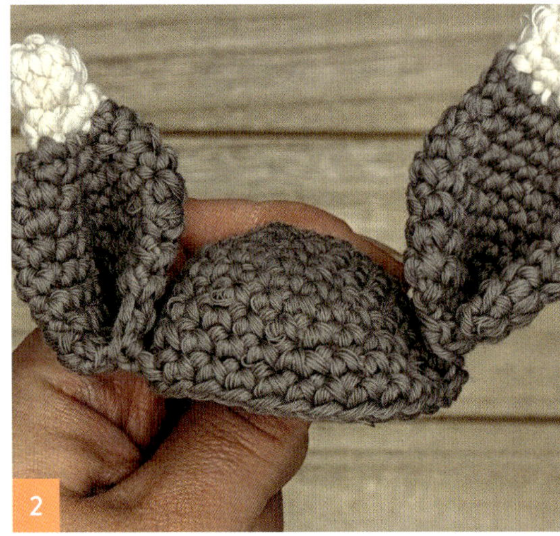
2

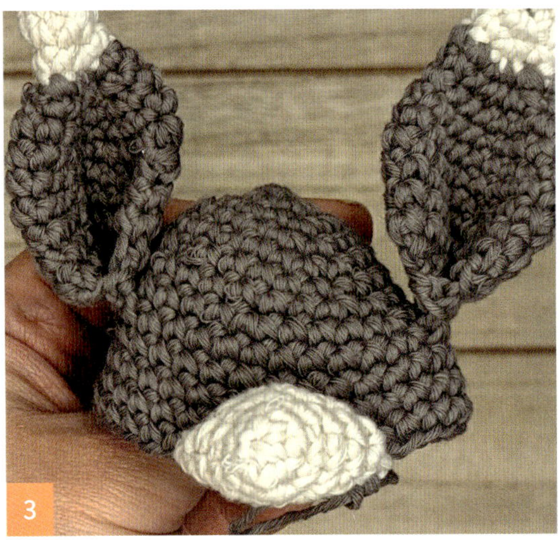
3

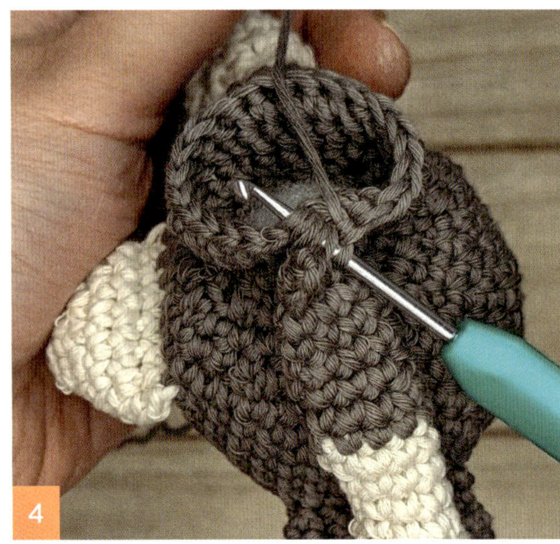
4

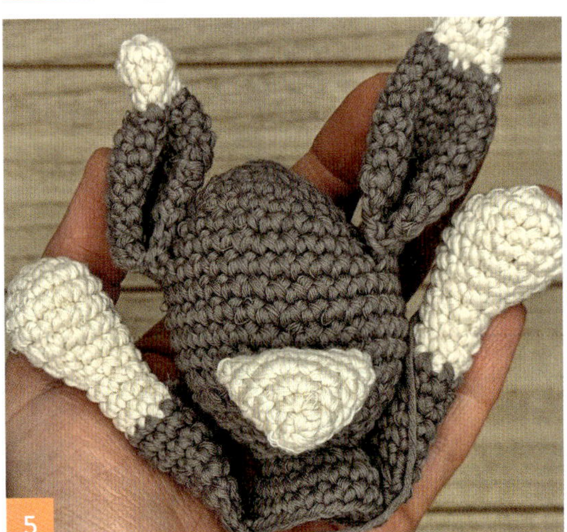
5

häkeln. Anschließend noch einmal mittig falten und mit 7 fM nochmals zusammenhäkeln, dadurch bekommt das Ohr seine Form. Den Faden abschneiden und vernähen.

SCHNAUZE

(in Naturweiß oder Moon Stone)

Häkle in Spiral-Rd. Die Schnauze nur leicht mit Füllwatte ausstopfen.

1. Rd: 4 fM in einen Fadenring häkeln. [4]
2. Rd: *1 fM, 1 M zun*, von * bis * noch 1x wdh. [6]
3. Rd: *2 fM, 3 fM in 1 M*, von * bis * noch 1x wdh. [10]
4. Rd: *4 fM, 3 fM in 1 M*, von * bis * noch 1x wdh. [14]

5.–6. Rd: 14 fM.

Das Ende falten und mit 7 fM zusammenhäkeln. Den Faden abschneiden und vernähen.

ARME

(2x in Pastell Schlamm, Naturweiß oder Smokey Quartz, Moon Stone)

Häkle in Spiral-Rd. Beginne in Naturweiß oder Moon Stone. Nur die Faust mit Füllwatte ausstopfen.

1. Rd: 6 fM in einen Fadenring häkeln. [6]
2. Rd: 6x 1 M zun. [12]
3. Rd: *5 fM, 1 M zun*, von * bis * noch 1x wdh. [14]

4.–5. Rd: 14 fM.

6. Rd: 5 fM, 2x 1 M abn, 5 fM. [12]
7. Rd: 4 fM, 2x 1 M abn, 4 fM. [10]
8. Rd: 3 fM, 2x 1 M abn, 3 fM. [8]

9.–11. Rd: 8 fM.

Fb-Wechsel zu Schlamm oder Smokey Quartz.

12.–18. Rd: 8 fM.

Das Ende falten und mit 4 fM zuammenhäkeln. Die Faltkante sollte dabei in einer Linie mit der Faust liegen. Den Faden abschneiden und vernähen.

BEINE

(2x in Pastell Schlamm, Naturweiß oder Smokey Quartz, Moon Stone)

Häkle in Spiral-Rd. Beginne in Naturweiß oder Moon Stone. Nur die Füße mit Füllwatte ausstopfen.

1. Rd: 6 fM in einen Fadenring häkeln. [6]
2. Rd: 6x 1 M zun. [12]
3. Rd: *5 fM, 1 M zun*, von * bis * noch 1x wdh. [14]
4. Rd: *6 fM, 1 M zun*, von * bis * noch 1x wdh. [16]

5.–7. Rd: 16 fM.

8. Rd: 6 fM, 2x 1 M abn, 6 fM. [14]
9. Rd: 5 fM, 2x 1 M abn, 5 fM. [12]
10. Rd: 4 fM, 2x 1 M abn, 4 fM. [10]

11.–13. Rd: 10 fM.

Fb-Wechsel zu Pastell Schlamm oder Smokey Quartz.

14.–21. Rd: 10 fM.

Das Ende falten und mit 5 fM zusammenhäkeln. Den Faden abschneiden und vernähen.

SCHWANZ

(in Pastell Schlamm, Naturweiß oder Smokey Quartz, Moon Stone)

Häkle in Spiral-Rd. Beginne in Naturweiß oder Moon Stone. Den Schwanz fortlaufend mit Füllwatte ausstopfen.

1. Rd: 6 fM in einen Fadenring häkeln. [6]
2. Rd: 6 fM.
3. Rd: *2 fM, 1 M zun*, von * bis * noch 1x wdh. [8]
4. Rd: *3 fM, 1 M zun*, von * bis * noch 1x wdh. [10]
5. Rd: *4 fM, 1 M zun*, von * bis * noch 1x wdh. [12]

6. Rd: 12 fM.
7. Rd: *1 fM, 1 M zun*, von * bis * noch 5x wdh. [18]
8. Rd: *2 fM, 1 M zun*, von * bis * noch 5x wdh. [24]
9. Rd: 24 fM.
Fb-Wechsel Pastell Schlamm oder Smokey Quartz.
10. Rd: 24 fM.
11. Rd: *10 fM, 1 M abn*, von * bis * noch 1x wdh. [22]
12.–14. Rd: 22 fM.
15. Rd: *9 fM, 1 M abn*, von * bis * noch 1x wdh. [20]
16. Rd: 20 fM.
17. Rd: *8 fM, 1 M abn*, von * bis * noch 1x wdh. [18]
18. Rd: *1 fM, 1 M abn*, von * bis * noch 5x wdh. [12]
19. Rd: *4 fM, 1 M abn*, von * bis * noch 1x wdh. [10]
20. Rd: *3 fM, 1 M abn*, von * bis * noch 1x wdh. [8]
21. Rd: 8 fM.
Das Ende falten und mit 4 fM zusammenhäkeln. Den Faden abschneiden und vernähen.

KOPF UND KÖRPER

(in Pastell Schlamm oder Smokey Quartz)
Häkle in Spiral-Rd. Kopf und Körper fortlaufend mit Füllwatte ausstopfen.
1. Rd: 6 fM in einen Fadenring häkeln. [6]
2. Rd: 6x1 M zun. [12]
3. Rd: *1 fM, 1 M zun*, von * bis * noch 5x wdh. [18]
4. Rd: *7 fM, 2x1 M zun*, von * bis * noch 1x wdh. [22]
5. Rd: *9 fM, 2x1 M zun*, von * bis * noch 1x wdh. [26]
6. Rd: 26 fM.
7. Rd: *11 fM, 2x1 M zun*, von * bis * noch 1x wdh. [30]
8. Rd: *4 fM, 1 M zun*, von * bis * noch 5x wdh. [36]
In der folgenden Rd werden die Ohren angehäkelt.
9. Rd: 7 fM durch Ohr und Kopf, 11 fM, 7 fM durch Ohr und Kopf, 11 fM. [36] **(Bild 1–2)**
10.–12. Rd: 36 fM.
In der folgenden Rd wird die Schnauze festgehäkelt.
13. Rd: 27 fM, 7 fM durch Schnauze und Kopf, 2 fM. [36]
Die Schnauze sollte am Ende vorne mittig liegen. **(Bild 3)**
14. Rd: 36 fM.
15. Rd: *4 fM, 1 M abn*, von * bis * noch 5x wdh. [30]
16. Rd: *3 fM, 1 M abn*, von * bis * noch 5x wdh. [24]
Befestige die Augen 1 Rd über der Schnauze mit 4 fM Abstand dazwischen.
17. Rd: *2 fM, 1 M abn*, von * bis * noch 5x wdh. [18]
18. Rd: *1 fM, 1 M abn*, von * bis * noch 5x wdh. [12]
19. Rd: 12 fM.
Es geht weiter mit dem Körper.
20. Rd: 12x1 M zun. [24]
21. Rd: 24 fM.
In der folgenden Rd werden die Arme angehäkelt. Die Faust zeigt dabei nach vorne.
22. Rd: 4 fM bis unterhalb des ersten Ohrs häkeln, 4 fM durch Arm und Körper, 8 fM, 4 fM durch Arm und Körper, 4 fM. [24] **(Bild 4–5)**
23. Rd: *3 fM, 1 M zun*, von * bis * noch 5x wdh. [30]
24.–29. Rd: 30 fM.
30. Rd: *9 fM, 1 M zun*, von * bis * noch 2x

wdh. (33)

31. Rd: *9 fM, 1 M abn*, von * bis * noch 2 x wdh. [30]

In der folgenden Rd wird der Schwanz angehäkelt.

32. Rd: 10 fM, 4 fM durch Schwanz und Körper, 16 fM. [30]

Der Schwanz sollte hinten mittig liegen.

33.–34. Rd: 30 fM.

35. Rd: *3 fM, 1 M abn*, von * bis * noch 5 x wdh. [24]

In der folgenden Rd werden die Beine angehäkelt.

36. Rd: 5 fM durch Bein und Körper, 7 fM, 5 fM durch Bein und Körper, 7 fM. [24]

37. Rd: *2 fM, 1 M abn*, von * bis * noch 5 x wdh. [18]

38. Rd: *1 fM, 1 M abn*, von * bis * noch 5 x wdh. [12]

39. Rd: 6 x 1 M abn. [6]

Den Faden abschneiden, durch alle vorderen M-Glieder der letzten Rd fädeln, festziehen und vernähen.

GESICHT

Die Nase in schwarzem Filetgarn zwischen der 4. und 5. Rd der Schnauze über 3 fM breit aufsticken, dazu ca. 3 x einstechen. Das Augenweiß direkt neben den Augen aufsticken. Die Augenbrauen 1 Rd über den Augen über 1 Rd hoch und 2 fM breit sticken.

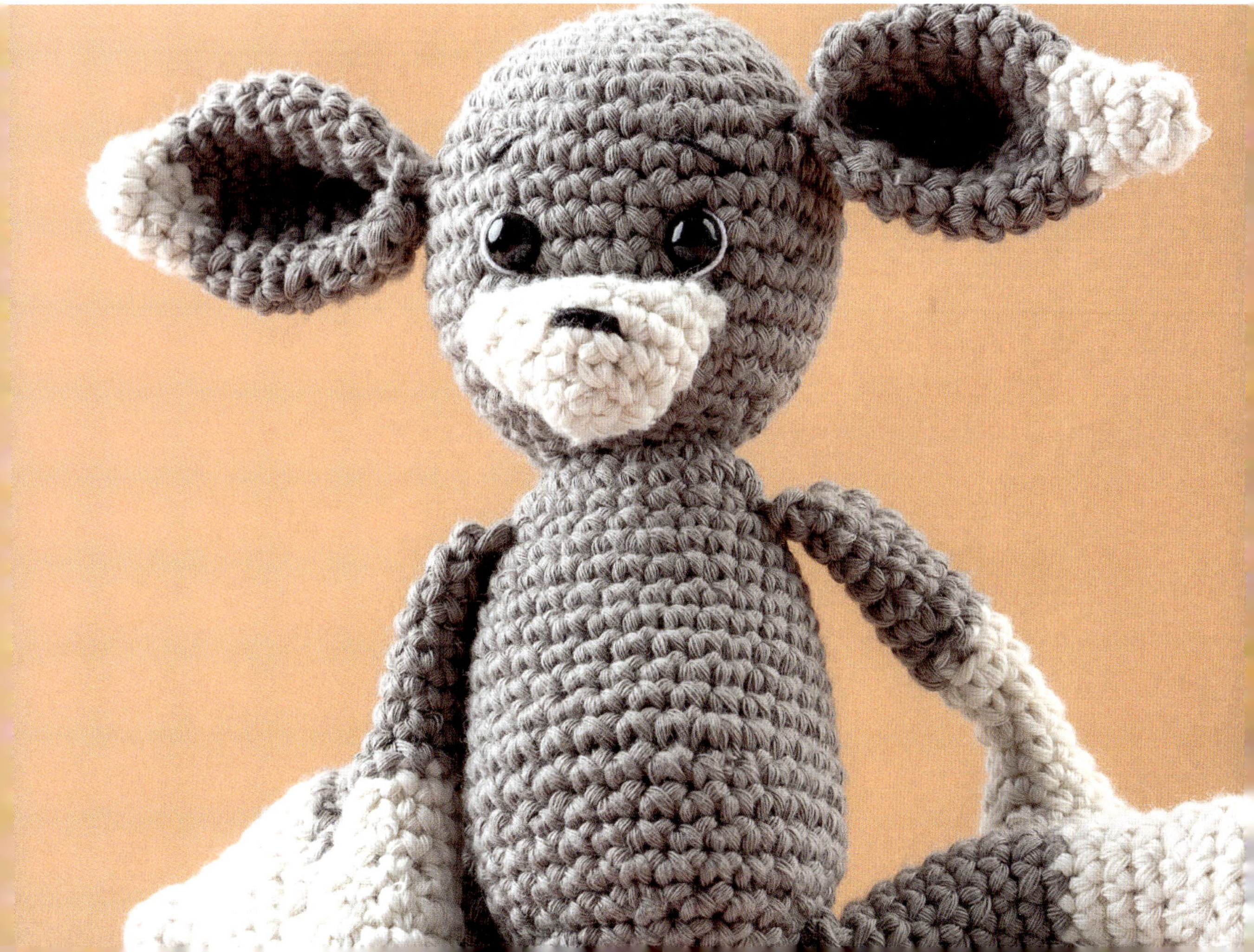

Über die Autorin

Linda Urbanneck stammt aus einer Familie voller Kreativität, doch den Hang zur Häkelnadel entdeckte sie erst 2019, als sie zum ersten Mal ein Video zu einem Amigurumi sah. Nach und nach brachte sie sich das Häkeln selbst bei. Zunächst als Hobby, später sollte sich diese Leidenschaft mehr und mehr in die berufliche Richtung entwickeln. Im Jahr 2020 folgte die erste eigene Anleitung, kurze Zeit später noch einige mehr. Linda gründete ihr erstes eigenes Label unter dem Namen Haekellobby. Das Leben jenseits der Häkelnadel verbringt Linda im Saarland. Dort lebt sie gemeinsam mit ihrem Mann und ihren drei Söhnen. Einblicke in ihr Leben gibt Linda täglich in ihrem Instagram-Account @haekellobby, wo sie kreativen Menschen einen Blick in ihr Leben als Designerin und Autorin erlaubt.

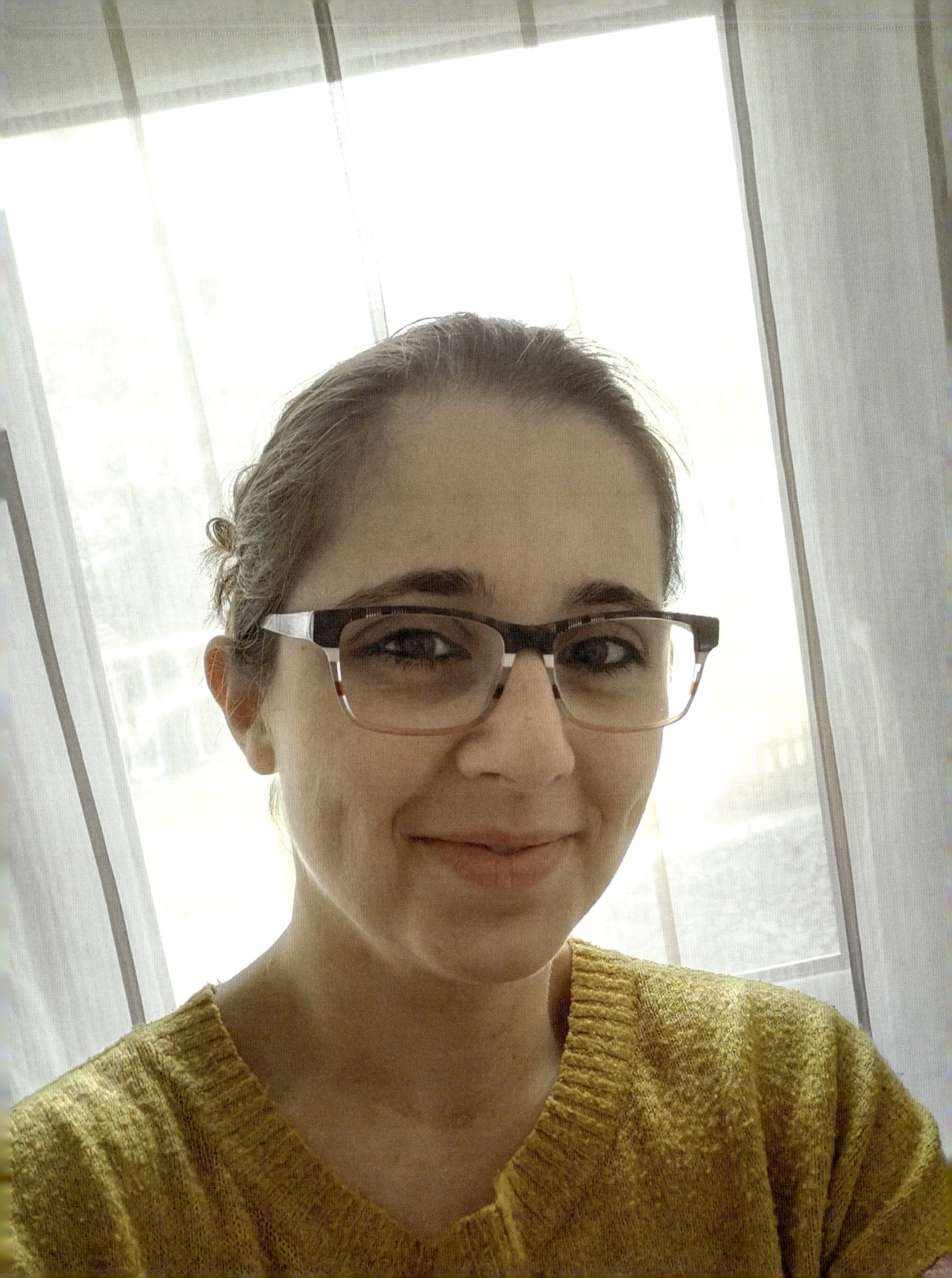

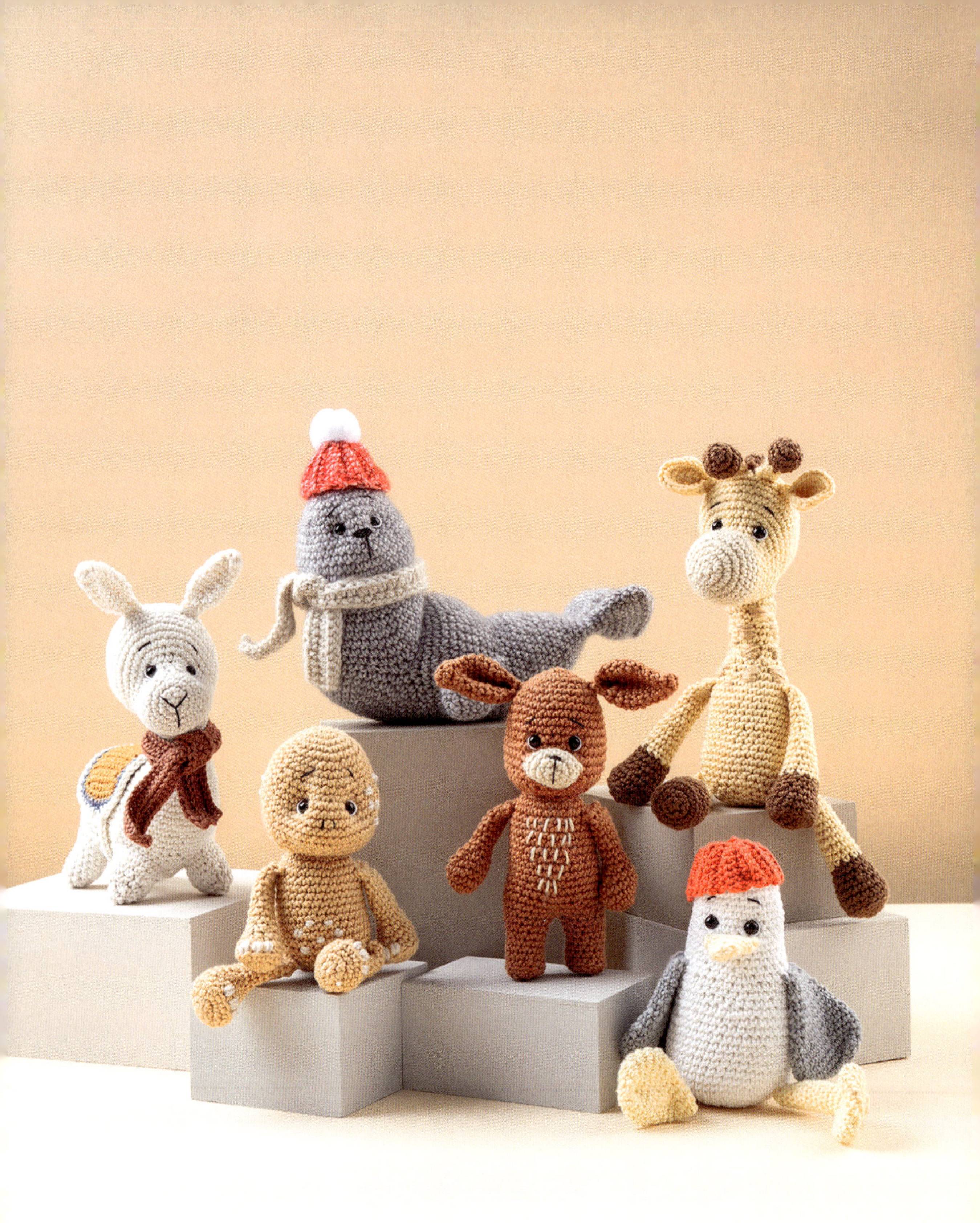

Danksagung

In erster Linie bedanke ich mich natürlich bei den Menschen. die mich täglich auf dieser Reise begleiten und sich an den Anleitungen der Amigurumi genauso erfreuen wie ich. Danke, dass es euch gibt. Außerdem möchte ich mich bei meinem Tester-Team bedanken, die mich nun schon seit meinem ersten Buch begleiten und mir immer wieder zur Seite stehen. Tine, Nele und Alex: Danke für euren unermüdlichen Einsatz und eure Leidenschaft. Ich bin froh, dass unsere Wege sich hier gekreuzt und gefestigt haben, auf viele weitere Erlebnisse.

Ein weiterer Dank gilt natürlich meiner gesamten Familie, die mich täglich mit ihrem Zuspruch unterstützt, meinem Mann, der auch in der heißen Buchphase tatkräftig den Haushalt mit in die Hand nimmt, um mich zu unterstützen, die Kinder animiert und mir gleichzeitig mit Rat zur Seite steht, wenn ich mir bei einer Figur nicht ganz sicher bin – danke!

Ein ganz besonderer Dank gilt den Sponsoren Gründl, Schachenmayr, Scheepjes und Butinette – ohne die dieses Buch nicht möglich gewesen wäre!

Zu guter letzt natürlich noch einen besonderen Dank an alle Häkelbegeisterten unter euch, die ihre Kreativität in die Welt tragen.

Notizen

Buchempfehlung für Amigurumi-Häkler*innen

Inga Borges

Süße Amigurumi – Das Grundlagenwerk

Alle Techniken und viele Geheimtipps –
Mit 3 extra Amigurumi-Anleitungen von @ms.eni

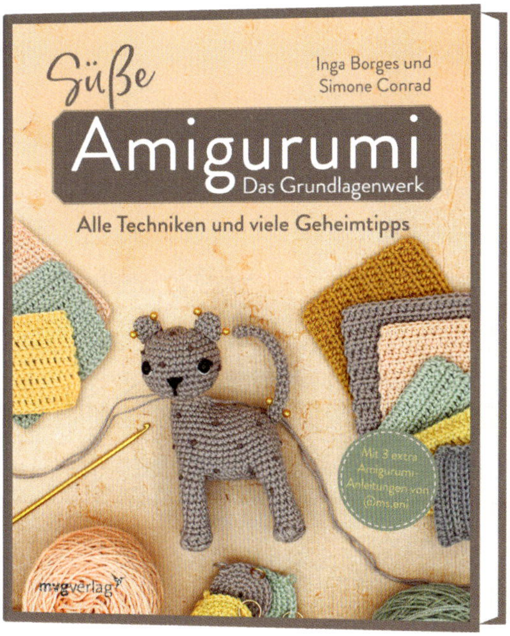

288 Seiten

ISBN: 978-3-7474-0539-0

Preis: 22 €

mvgverlag

Bibliografische Information der Deutschen Nationalbibliothek
Die Deutsche Nationalbibliothek verzeichnet diese Publikation in der Deutschen Nationalbibliografie. Detaillierte bibliografische Daten sind im Internet über https://dnb.de abrufbar.

Für Fragen und Anregungen
info@m-vg.de

Originalausgabe
2. Auflage 2024

Türkenstraße 89
80799 München
Tel.: 089 651285-0

Umschlaggestaltung und Layout: Maria Verdorfer
Umschlagabbildung und Aufmacherfotos: SHOT Stills – Katja Schubert, München
Grundlagentexte: Inga Borges, Münster
Satz: Lara Nelles (schere.style.papier), München
Druck: Firmengruppe APPL, aprinta Druck, Wemding
Printed in Germany

ISBN Print 978-3-7474-0559-8